高等职业教育教材

DAXUE
MEIYU

大学美育

欧亚梅 谢从堂 主编
冷磊 孙瑜 王芳 焦巧 徐凌帆 副主编

·北京·

内容简介

本教材是高等职业教育新形态一体化教材。本教材编写以2020年中共中央办公厅、国务院办公厅印发的《关于全面加强和改进新时代学校美育工作的意见》和2023年教育部印发的《教育部关于全面实施学校美育浸润行动的通知》为指导思想，以党的二十大精神为指引，落实立德树人根本任务。以活态传承中国传统非遗文化、提升学生美育核心素养为编写目标，展现新时代的思想性、实践性、创新性和创造性，有机融合相关学科关于剪纸之美、蓝染之美、陶艺之美、茶艺之美、书法之美、绘画之美、建筑之美、数媒之美、形象之美"九美"内容，结构上以"审美——表现——文化——实践"四个模块展开，围绕审美感知、艺术表现、文化理解、创意实践这四大核心素养进行课程的逆推设计，鼓励学生个性化及创意表现，以见人、见物、见事、见生活的视角，倡导生活化美育综合核心素养养成。本教材针对性地融入了"非遗实践"单元，并配备了活页式实训手册，以激发学生的学习兴趣，提升学生的动手能力，并在高职美育层面提出理论结合实践的综合思考。

本教材既可供高等职业院校学生学习美育课程使用，亦可供社会人士参考使用。

图书在版编目（CIP）数据

大学美育/欧亚梅，谢从堂主编. —北京：化学工业出版社，2024.5
ISBN 978-7-122-45629-8

Ⅰ.①大… Ⅱ.①欧… ②谢… Ⅲ.①美育-高等学校-教材 Ⅳ.①G40-014

中国国家版本馆CIP数据核字（2024）第094342号

责任编辑：李仙华 洪 强 提 岩 甘九林　　文字编辑：沙 静
责任校对：李雨晴　　装帧设计：史利平

出版发行：化学工业出版社（北京市东城区青年湖南街13号　邮政编码100011）
印　　装：北京瑞禾彩色印刷有限公司
787mm×1092mm　1/16　印张14¾　字数352千字　2024年8月北京第1版第1次印刷

购书咨询：010-64518888　　　　　　　　售后服务：010-64518899
网　　址：http://www.cip.com.cn

凡购买本书，如有缺损质量问题，本社销售中心负责调换。

定　价：60.00元　　　　　　　　　　　　　　　　版权所有　违者必究

编审委员会名单

主　　任　夏学文

副 主 任　刘福元　艾翠林　王海洋　桂高山　熊雯婧

委　　员（按姓名汉语拼音排序）

　　　　艾翠林　武汉市第一商业学校党委书记

　　　　毕　丹　长江职业学院艺术设计学院教授

　　　　桂高山　湖北开放大学导学中心主任

　　　　刘　超　湖北科技职业学院传媒艺术学院副教授

　　　　刘福元　湖北科技职业学院传媒艺术学院院长

　　　　宋移安　湖北科技职业学院副校长

　　　　王海洋　湖北开放大学教务处长

　　　　夏学文　湖北科技职业学院副校长

　　　　谢　丽　武汉职业技术学院艺术设计学院院长

　　　　熊雯婧　湖北科技职业学院传媒艺术学院副书记

　　　　严　洁　湖北楚赋文化科技有限公司负责人、仙桃雕花剪纸陈氏第三代传承人

　　　　杨青华　武汉依陌文化传播有限公司负责人、京山织染制作技艺代表性传承人

　　　　尹　燕　湖北轻工职业技术学院建筑工程与设计学院副院长

　　　　张　琪　景德镇市凡溪陶艺馆馆长

　　　　周肖肖　武汉体育学院国际教育学院　博士

编写人员名单

主　编

　　欧亚梅　湖北科技职业学院
　　谢从堂　仙桃职业学院

副主编

　　冷　磊　湖北科技职业学院
　　孙　瑜　湖北科技职业学院
　　王　芳　湖北科技职业学院
　　焦　巧　武汉职业技术学院
　　徐凌帆　湖北科技职业学院

参　编

　　覃小婷　湖北科技职业学院
　　闵　珏　湖北科技职业学院
　　戈红兵　湖北科技职业学院
　　安婷婷　湖北科技职业学院
　　卢　亮　湖北科技职业学院
　　陈　华　湖北科技职业学院
　　李　芳　湖北科技职业学院

主　审

　　宋移安　湖北科技职业学院副校长

前言

审美的尽头是自由，自由的尽头是人文，人文的尽头是自然。《道德经》强调自然之美，教导我们欣赏宇宙万物的奇迹和生命的多样性，提醒我们，美存在于自然界，我们可以从自然中获取美的启发，将其应用于艺术、文化、科技和生活之中。美育不仅是审美教育，而且也是一种心灵教育，是培养一种无利害的态度。不同的人欣赏艺术、感受美时体现出的差异化就是艺术的魅力，正所谓"各美其美、美人之美、美美与共、天下大同"，我们在欣赏自己创造的美的同时，还要包容地欣赏别人创造的美。

美育培养爱好者的感受力、想象力、鉴赏力、洞察力、创造力等，追求更为美好的生活，提升幸福力。提升审美之路漫漫，美育也如此，在与美同行之路上，不仅需要我们读万卷书，行万里路，更加需要扎根于生活，切身感受生活，体验生活，在生活之中发现美。

进入新时代，国务院办公厅颁发了《全面加强和改进学校美育工作的意见》（国办发〔2015〕71号）；2019年教育部办公厅发布《关于开展体育美育浸润行动计划的通知》（教体艺函〔2019〕41号）；2020年中共中央办公厅、国务院办公厅颁发了《全面加强和改进学校美育工作的意见》；2023年12月20日，教育部颁发了《教育部关于全面实施学校美育浸润行动的通知》（教体艺函〔2023〕5号）。美育正是提升国家文化软实力、增强国家核心竞争力的重要内容，具有陶冶情操、温润心灵、激发创新创造活力的价值功能。

为进一步贯彻落实党的二十大精神，结合高职综合应用型人才培养特色，强化高职院校美育课程的育人功能，深化高职院校美育的浸润行动，教材编写组以活态传承中国传统非遗文化、提升学生美育核心素养为目标，根据多年的艺术专业美育与公共美育课程教学实践经验，组织艺术、美育、非遗等一线教师编写了本教材。

本教材具有以下特色：

第一，坚持马克思主义美学指导思想，立足于中国悠久的传统历史和文化，融汇中外，凸显中华美学精神，展现其思想性、实践性、创新性和创造性，关联、融合多学科，聚焦美育与当下高职学生的综合核心素养的养成，引导学生感知美、认识美、发现美、创造美，培养具有一定审美的复合创新型技术技能人才。

第二，凸显活页式模块化课程教学设计，强调体验性与实践性，体现学校美育教学成果及非遗特色，本教材引入湖北科技职业学院非遗特色的九个项目，加入非遗传承人、企业技师、艺术家等第三方社会资源，将目前高职学生美育的核心素养围绕审美感知、艺术表现、文化理解、创意实践这四大核心素养进行课程的逆推设计，每一个教学模块都是在实践教学成果的基础上开发，并且鼓励学生个性化及创意表现，以见人、见物、见事、见生活的视角，倡导生活化美育综合核心素养养成。

第三，关联、融合多学科，聚焦美育与当下高职学生的综合核心素养的养成，以图像结合文字的形式，将教材分为十章，通过审美、表现、文化、实践四个模块，在"尊楚艺、崇匠心、重传承"的文化理念引领之下，带领学生去实践、去表现、去探索，做到源于生活、走进生活、用于生活的设计意图，为学生搭建了充分展示自我成长的平台。

湖北科技职业学院于2014年开始非遗建设工作，2017年成立非物质文化遗产研究中心、手工艺研发中心、"大师工作室"，涵盖系列非遗特色项目，以"尊楚艺、崇匠心、重传承"育人理念引领课程项目引入、课程内容开发、课程内容设计、课程平台建设、双创平台建设等各领域的工作，先后引进"非遗植物染""仙桃剪纸""马口窑"等8个特色非遗项目，以项目化课程、学生社团、大师工作室等组织形式面向全校学生，建立与企业之间的衔接平台，通过市场化项目、非遗项目体验、非遗项目研发等不同层级的教学组织形式，形成"非遗融入、三师融通、双创融合"的人才培养方案，满足不同层次的教学需求，以技艺活态传承的教学形式实施非遗传统文化育人。

本教材针对性地融入了"非遗实践"单元，并配备了活页式实践项目手册，便于学生在每一章学习过程之中，结合非遗项目的知识点和手工技艺特点"实践非遗"，以激发学生的学习兴趣，提升学生非遗手工技艺的动手能力，培养学生在非遗项目方面的创造性转化与创新性传承，鼓励并指导学生进行手工艺之美的创造与实践，通过系列平台分享美育实践作品。

本教材由湖北科技职业学院欧亚梅、仙桃职业学院谢从堂主编，湖北科技职业学院宋移安主审。

夏学文担任编审委员会主任，刘福元、艾翠林、王海洋、桂高山、熊雯婧担任编审委员会副主任，各兄弟院校专家团队、校企合作单位、非遗传承人共同组成教材编审委员会，指导大学美育教材团队完成编写工作。

本教材配套了信息化教学资源，可扫描书中二维码获取。同时，还配套有电子课件，可登录 www.cipedu.com.cn 免费获取。

本教材将社会主义核心价值观、课程思政融入教材、融入课堂、融入实践、融入美育全过程。在本教材的编写过程之中，广泛吸收了国内外专家、学者们的研究成果，在此，特向有关专家、学者致以衷心的谢意！本教材所选用部分图片、摄影作品、视频影像由编写人员提供，已获得肖像权，在此表示感谢！同时感谢化学工业出版社编辑老师的辛勤付出，感谢学校领导和教务处等部门领导，他们的大力支持使得教材得以出版面世。在本教材的编写过程中，我们深感内容、素材、语言和实操等存有提升空间，由于编者的理论素养和学识水平有限，书中难免有不足之处，敬请广大读者批评指正！

编写组

2024年4月

目录

第一章 · 美育 —— 1

第一节 美育之源 //1
一、美与美育 //2
二、美育的基本特征 //3

第二节 美育表现 //4
一、表演艺术的审美 //4
二、造型艺术的审美 //5
三、语言艺术的审美 //5
四、综合艺术的审美 //5

第三节 美育文化 //6
一、中国古典美学发展概况 //6
二、西方美学发展概况 //8

第二章 · 剪纸之美 —— 10

第一节 剪纸审美 //10
一、中国北方剪纸流派 //11
二、中国南方剪纸流派 //13
三、湖北民间雕花剪纸 //15

第二节 剪纸表现 //17
一、"剪花娘子"库淑兰 //18
二、"小红人"剪纸吕胜中 //18

三、"创世纪"华裔德籍剪纸艺术家任戎 //19
四、亨利·马蒂斯 //20

第三节 剪纸文化 //21

第三章 · 蓝染之美 —— 24

第一节 蓝染审美 //24
一、蓝印花布真假工艺鉴别方法 //25
二、湖北蓝印花布 //26
三、江苏南通蓝印花布 //28

第二节 蓝染表现 //31

第三节 蓝染文化 //34
一、中国传统蓝靛染植物 //34
二、传统蓝靛染工序与制作 //36

第四章 · 陶艺之美 —— 39

第一节 陶艺审美 //39
一、陶艺的造型之美 //40
二、陶艺的釉色之美 //41
三、陶艺的材料之美 //41

第二节 陶艺表现 //44
一、纯雕塑作品 //44
二、画于平面瓷板上的瓷画作品 //46
三、器物造型和釉彩绘画相结合的作品 //47

第三节 陶艺文化 //47

第五章 · 茶艺之美 —— 49

第一节 茶艺审美 //49
一、人之美 //49

二、茶之美　//50
　　三、水之美　//52
　　四、器之美　//53
　　五、境之美　//53
　　六、艺之美　//54

第二节　茶艺表现　//54
　　一、古代茶艺　//54
　　二、现代茶艺　//55

第三节　茶艺文化　//58
　　一、茶书　//58
　　二、茶诗　//60
　　三、茶画　//62
　　四、茶乐　//64
　　五、茶戏剧　//65

第六章　书法之美　　66

第一节　书法审美　//66
　　一、八大经典隶书欣赏　//67
　　二、十大经典楷书欣赏　//69
　　三、十大经典行书欣赏　//72

第二节　书法表现　//74
　　一、"文房四宝"简介　//75
　　二、书法章法介绍　//77

第三节　书法文化　//80
　　一、篆书　//80
　　二、隶书　//81
　　三、楷书　//81
　　四、行书　//83
　　五、草书　//84

第七章　绘画之美　　86

第一节　绘画审美　//86

第二节　绘画表现　//89
　　一、中国画艺术表现　//89
　　二、油画的艺术表现　//96
第三节　绘画文化　//99
　　一、中国画艺术　//99
　　二、油画艺术　//103

第八章 · 建筑之美　110

第一节　建筑审美　//110
　　一、建筑的造型之美　//110
　　二、建筑的意境之美　//115
第二节　建筑表现　//116
　　一、北方合院式民居　//116
　　二、江南厅井式民居　//117
　　三、东南客家土楼　//117
　　四、西北窑洞民居　//118
第三节　建筑文化　//118

第九章 · 数媒之美　124

第一节　数媒之美　//124
第二节　数媒表现　//128
第三节　数媒文化　//131

第十章 · 形象之美　134

第一节　人物形象审美　//134
　　一、人物形象审美分类　//134
　　二、人物形象之美构成　//137

第二节　人物形象表现　//138
　　一、五官表现　//138
　　二、体态之美　//140
　　三、服饰形象之美　//142
第三节　人物形象文化　//145
　　一、人物形象之人文精神　//145
　　二、时代人物的形象美　//146

参考文献 ———————————— 148

二维码资源目录

序号	资源名称	类型	页码
1	美育	PPT	1
2	剪纸之美	PPT	10
3	蓝染之美	PPT	24
4	陶艺之美	PPT	39
5	茶艺之美	PPT	49
6-1	史上最美八大隶书碑帖	PPT	69
6-2	中国十大楷书精品集	PPT	72
6-3	十大行书字帖欣赏	PPT	74
6-4	书法之美　书法表现	PPT	74
6-5	书法之美　书法文化	PPT	80
6-6	书法之美　书法实践	PPT	85
7	绘画之美	PPT	86
8	建筑之美	PPT	110
9	数媒之美	PPT	124
10	形象之美	PPT	134

第一章
美育

思政目标

1. 引导学生传承和弘扬中华优秀传统文化，传承和弘扬中华美学精神，以春风化雨的方式将社会主义核心价值观浸润到教育教学工作中。
2. 引导学生树立正确的审美观，陶冶高尚的道德情操，塑造美好的心灵。

二维码1

第一节　美育之源

美育亦称审美教育，就是在教育中对人审美感性体验力、表达力和审美趣味的陶冶，以塑造健康而全面的人格，提升人的精神境界，使人回归自己和谐的本质。

美育的概念是由德国的伟大诗人和美学家席勒于18世纪末首先提出和建立的。席勒在他的《美育书简》中提出："为了在经验中解决政治问题，就必须通过美育的途径，因为正是通过美，人们才可以达到自由。"席勒还明确提出了德、智、体、美四育的观念。他说："有促进健康的教育，有促进认识的教育，有促进道德的教育，还有促进鉴赏力和美的教育。"而美育的目的在于"培养我们感性和精神力量的整体达到尽可能和谐"。我国近代著名教育家蔡元培说："美育者，应用美学理论于教育，以陶养感情为目的者也。"

学者周宪提出在中国传统美学和文化中，也有丰富的美育传统和理论资源，这些资源是我们如今理解美育，尤其是中华美育精神的重要基础。这个世纪所需的人才应具备批判性思维、创造力、主动性、解决问题的能力、风险评估能力、决策力和良好情绪控制力才具有竞争力。要培养具有上述能力的竞争型人才，美育在其中扮演什么角色呢？如果说专业技能偏重"目的理性"的话，那么美育所倡导的乃是一种"价值理性"，建构审美生存的信念与承诺。美育是一种人文价值坚守而非把玩艺术；美育内涵的价值谱系既深又广，包含从特殊的审美价值到普遍的人文价值；美育是一种知识启悟而非知识传授；美育是自由的愉悦体验而非娱乐至死；美育旨在养成宽容且独特的审美眼光，而非机械刻板的被动受教状态。

美育的载体是什么？是艺术。艺术不仅是教育不可缺少的组成部分，更是全面素质教育不可或缺的重要内容。拥有一颗艺术的心灵，不仅可以让我们明是非、知善恶、识美丑，而且可以让我们的视野更广阔，让我们的心灵更丰盈，让我们的生活更绚丽，让我们的职业生涯更自如，让我们的人生更崇高。

一、美与美育

在我国绵延数千年之久的传统文化中，儒家的美育思想一直占据主导地位。《孟子·滕文公上》记载："夏曰校，殷曰序，周曰庠，学则三代共之，皆所以明人伦也。"在学校教育中，礼与乐是必备的科目。礼、乐、射、御、书、数，即"六艺"，是主要的教育内容。"兴于诗，立于礼，成于乐。"（《论语·泰伯》）"《诗》，可以兴，可以观，可以群，可以怨。迩之事父，远之事君。"（《论语·阳货》）孔子把美育看成贯穿于教育全过程的重要手段，认为人格教育发端于诗教，完成于乐教。诗教是人格教育的基础，乐教则使人格臻于最高境界。诗教与乐教在人格培养中发挥着重要作用，即通过艺术的审美功能，使人受到感染，在潜移默化中把外在的社会伦理规范（礼）变成个体自觉的内在要求。

如果说，儒家的美育思想以造就"文质彬彬"的"君子"为最高目标，具有很强的道德色彩，那么以庄子为代表的道家则突出了审美本身的功能，即着眼于一种理想化的审美人生态度的培养。庄子的学说不仅在整体精神上具有一种审美哲学的品格，而且他对人的最高精神境界及如何才能达到这种境界等问题的论述，构成了一种比较系统的审美教育理论。庄子的《庄子·逍遥游》，以其雄伟的气魄、非凡的想象、恣肆的文风，为我们展示了一幅恢宏的画卷，也呈现了人生不同的精神境界。在庄子看来，只有"无己、无功、无名"，即真正自由的"至人"，才能达到最高的精神境界，具有广阔无限的自由精神的审美人格。他所描述的那种"乘夫莽眇之鸟，以出六极之外，而游无何有之乡，以处圹垠之野"（《庄子·应帝王》）的精神境界，也正是一种只有在高度凝神的审美体验中才能呈现的心灵状态。因此，要培养所谓的"至人"，必须通过审美教育这一途径。

继传统的"诗教""乐教"后，现代美育的开创者王国维在《论教育之宗旨》一文中，把教育分为心育和体育，心育又可区分为智育、德育和美育。王国维通过智育和德育的比较来确定美育的性质。他把人的精神分为知、情、意三个方面，"对此三者而有真美善之理想：'真'者智力之理想，'美'者感情之理想，'善'者意志之理想也"。美育，就是用美来陶冶人的情感。"美育者，一面使人之感情发达，以臻完美之域，一面又为德育和智育之手段，此又教育者所不可不留意也。"就是说，美育一方面具有自己独特的性质和目的，另一方面它与德育、智育又不是决然相分或相互外在的。正确的美育应该能够促进德育与智育的发展，成为德育与智育的有效手段。因此，尽管智育、德育、美育三者各有专司、各有侧重，"然人心之知、情、意三者，非各自独立，而互相交错者。如人为一事时，知其当为者'知'也，欲为者'意'也，而当其为之前（后）又有苦乐之'情'伴之：此三者不可分离而论之也。故教育之时，亦不能加以区别。有一科而兼德育、智育者，有一科而兼美育、德育者，又有一科而兼此三者。三者并行而得渐达真善美之理想，又加以身体之训练，斯得为完全之人物，而教育之能事毕矣"。王国维既强调了美育作为情感教育的独特性质，又没有忽视美育与德育和智育的联系。

王国维之后，蔡元培提出了"以美育代宗教"的著名主张，而且对美育在全民中的普及和如何实施等问题也做了十分具体而详备的设想。在美育观上，蔡元培把美育称为"美感教育"，他认为，通过审美可以打破人我之间的界限，实现人与人的相互沟通。"名川大山，人人得而游览；夕阳明月，人人得而赏玩；公园的造像、美术馆的图画，人人得而畅观。"正因为美的对象可以使人从一己小我的束缚中解放出来而进入无私的境界，所以才使人"超于生死利害之上，而自成兴趣，故养成高尚、勇敢与舍己为群之思想者"。

在20世纪三四十年代提倡美育的各种观点中，朱光潜的看法可以说最具代表性，也最具理论深度。在朱光潜看来，要矫正时弊，最紧要的莫过于先救治人心，而救治人心最根本的途径就是提倡美育。在《谈美感教育》一文中，朱光潜提出"美感教育是一种情感教育"的观点。他认为美感教育的功用就在于怡情养性，美育因而为德育的基础。朱光潜不仅极力推崇艺术的美感教育作用，他还把艺术是否发达、美育是否兴盛与民族生命力的高低强弱联系起来。

二、美育的基本特征

美育作为一种独特的教育方式，不仅具有特殊的内涵与目的，而且具有与其他教育形式不同的、显著的教育特点。

1. 情感性

情感性是美育的首要特性。所谓情感性不仅是指美育主要是以情感为中介，通过诉诸人的情感领域来进行的，而且也是指美育具有激发情感、以情动人、陶情养性的重要作用。在审美教育中，情感并非仅仅表现为一种单纯的手段，它还是美育直接的目的之一。如果审美教育不能开启人情感世界的大门，不能引起人情感的激动，就不可能真正实现美育的目的。而在美育中，人的情感一旦被激发起来、活跃起来，就不仅会在受教者的心灵中唤起一种新的力量，使他"如入云烟中而为其所烘，如近朱墨处而为其所染"，而且会使受教者留下持久而深刻的印象。由于在美育中所生成的审美感受往往与情感伴随交融在一起，它涉及十分复杂的生理和心理过程，因而这种情感记忆比普通的记忆要深远得多。

2. 审美性

审美就其深层的本质而言，乃是人类生命意识的自觉和完满人性的展现。因此，美育的效用与意义，突出地表现在它能培养人们对生命的热爱、崇高感和同情心，这是培养高尚品德的最深厚土壤。而美育区别于其他教育形式的一个重要特点，即施教者必须积极引导受教者参与并投入审美活动中。如中国传统绘画欣赏，如果仅仅在课堂上向学生讲授中国传统绘画的题材、工具，以及花鸟、山水等绘画理论，显然是无法达成教育目标的。因此，施教者总是通过自己的教学设计、策划与组织，引导受教者在具体的作品演绎中去体验、去发现、去领悟。正是在作品的欣赏中，人们全身心地沉浸到审美世界中，在直觉、情感、理性等元素的充分作用下，融入作者的心灵、触摸作品的灵魂、领悟作品的境界，并升华自己的情感与内心世界，最终达成美育的目标。

3. 全面性

培养德、智、体、美、劳全面发展的新型人才，既是社会发展对教育提出的根本要求，也是在全球化语境下我国教育提出的新理念。人们日益深刻地认识到教育不是单纯的"复制"工作，更多的是把培养具有人文情怀、创新意识、批判精神和独立个性的人作为自身崇高的使命，这是一种以人为本的、面向未来的教育观。

美育的全面性主要表现在两个方面。一方面，德、智、体等教育方式可借助美育的手段方法来增进教学效果；另一方面，美育又是其他各种教育方式发展的基础。例如，德育，除了向学生讲解政治方向、人生理想、道德标准等之外，还可借助美育的手段来引导学生阅读经典名著，组织学生参观和游览祖国的名胜古迹、山水风光，使学生在欣赏美的过程中潜移默化地受到民族优秀传统和爱国主义的理想教育。又如，上传统手工艺课，教师可组织学生参观民俗博物馆，对手工艺美术作品的观赏，能够帮助学生更具体地进入历史生活情境，更深切地感受生活化的氛围，从而更准确地理解工艺文化与历史情景。再如体育，许多体育运动本身就有很高的艺术性和审美观赏价值，如艺术体操、篮球、排球、跳水、武术等，教师可组织学生观看体育竞赛，帮助学生发现并感受体育运动中的美育因素，从而帮助学生更自觉地参与体育锻炼，享受运动。

第二节 美育表现

尽管美育不等同于艺术教育，但艺术教育却是美育的主要载体之一。

一、表演艺术的审美

表演艺术是指通过人的演奏和演唱及形体动作来完成作品演绎的艺术，主要指音乐和舞蹈。音乐和舞蹈都属于抒情的艺术，因而具有强烈的情绪感染和情感陶冶的功能。

在所有的艺术形式中，音乐能够最直接地打动人们的心弦，迅速唤起人们的情感反应。舞蹈则能最大限度地调动人们的想象力，让人感受抽象的形体动作所寄托的情思。《乐记·师乙篇》里说，音乐产生于情感表现的需要，当情感强烈到无法用声音来表达时，就出现了手舞足蹈。音乐和舞蹈既可以正式演出和表演，也可以私下自娱自乐。无论是喜悦还是哀愁都可以通过音乐和舞蹈来宣泄和升华。

音乐和舞蹈所具有的节奏属性将有助于学习者节奏感的训练和培养。所谓节奏是指客观现象规律性的变化，如日出日落、四季的变换、日夜的更替等。节奏是音乐的基本要素，指音乐的轻重缓急、速度、拍子、音符时值的长短和相互之间的比例等。在舞蹈中，节奏则主要指形体动作力度的强弱、速度的快慢和能量的大小。节奏在音乐和舞蹈中都是重要的情感表现手段之一。由于人的智力、情绪和体能都具有一定的生理节奏，因此，音乐和舞蹈教育对人的身心健康有着积极的影响。

二、造型艺术的审美

广义的造型艺术指所有塑造二维或三维空间的静态视觉形象的艺术,又称"空间艺术"或"视觉艺术"。狭义的造型艺术主要指绘画和雕塑。造型艺术需要运用特定的物质材料来塑造可视的具体形象。因此,造型艺术的审美教育可以培养人们对各种物质材料审美特性的感受能力。画种的区分依据为所使用的材料不同,如油画、中国画、版画、水彩画、水粉画等。中国画的笔墨意趣、油画的色彩、木刻版画的凹凸肌理都是艺术形象塑造的重要形式。

绘画塑造的是二维空间形象,雕塑塑造的是三维立体形象。它们都需要以点、线、面、色彩、明暗、形体等形式要素构成视觉形象。因此,造型艺术教育是培养学生对形式美的感受力的最佳方式。素描的主要形式是线条,水粉、水彩画是色彩,雕塑是形体,对它们的鉴赏与创造,将大大提高人们对线条的曲直、色彩的明暗冷暖、形体的方圆轻重及其情感的感受力。

三、语言艺术的审美

语言艺术是以语言为物质媒介来塑造形象、表达情感的艺术形式。语言是抽象的文字符号,因为语言可以指称任何事物,却不能直接呈现出事物本身,所以语言艺术的审美教育必须建立在语言文字教育的基础上。不懂中文的人,不能欣赏用中文写成的《红楼梦》,不懂英语的人也无法欣赏英文原版小说 *Gone with the Wind*(《飘》)。

文学以抽象的语言符号为媒介,不像造型艺术那样把艺术形象直接呈现出来。欣赏者需要对语言符号进行解读和理解,并借助于想象力才能完成文学的审美活动。越优秀的文学作品越需要调动欣赏者的想象力,欣赏者只有拥有丰富的想象力才能把握优秀文学作品的"言外之意"和"象外之象"。因此,语言艺术审美教育的重点在于培养学生把抽象的语言符号转换为审美意象的能力。

四、综合艺术的审美

戏剧艺术曾占据着审美活动的中心地位,而在传媒发达的现代社会,影视的美育功能则覆盖了戏剧艺术。在艺术分类中,戏剧和影视艺术都因其表现形式的多样性而被称为综合艺术。

戏剧和影视艺术综合了绘画、文学、音乐、舞蹈、雕塑、摄影等艺术元素,同时,不同艺术元素在戏剧、影视中又衍生出新的艺术特性和功能。在以综合艺术形式为内容的美育中,戏剧的冲突和影视的逼真特点具有独特的美育功能。

没有冲突就没有戏剧。戏剧通过矛盾、冲突来塑造人物性格和情节。把生活中分散的矛盾和冲突加以提炼和浓缩,在有限的时间内集中地呈现给观众,以营造强烈的剧场效果,这是戏剧艺术区别于其他艺术形式的特点。戏剧冲突是通过演员的舞台表演来实现的,较容易激发观众的心理共鸣。观众在现场能真实地感受到剧中人物的喜怒哀乐,情绪也随着剧中人物的成败荣辱而跌宕起伏。在这种"身临其境"般的审美活动中,人们为戏剧而共情,同理心得以强化并趋于丰富。

第三节　美育文化

一、中国古典美学发展概况

中国古典美学以天人合一为内在精神和思想线索，从人与自然、个体与社会的和谐统一关系中思考审美现象，较之以天人相分、主客对立为主导思路的西方传统美学，有其鲜明的审美崇尚。

1. 先秦两汉美学思想

先秦时期，以《易经》为核心的阴阳学说，代表了古代中国人对自然、世界及二者形成之道的理解，奠定了中国美学思想的基本精神。百家争鸣时代，儒家和道家既相互对立又相互补充，建构和形成了中国古代美学的基本格局。

孔子从仁出发，与伦理道德的善相联系来解释美，认为外在形式必须与内在道德的善相统一才具有审美价值，"文质彬彬，然后君子"，在经历"兴于诗，立于礼，成于乐"的审美途径后，获得"可以兴、可以观、可以群、可以怨"的艺术功能，陶冶情感，促进个人与社会的和谐发展。孟子"可欲之谓善，充实之谓美"，认为从善到美呈现为逐步递升的状态。

汉代形成了以气、阴阳、五行为核心的严谨的宇宙论结构，天地相通、天人感应、万物和合，汉代美学养成了一种向外部世界扩延的气质和气魄。《淮南子》把先秦儒、道两家对内在审美人格精神的追求，转换为对广大外部世界的审美追求。董仲舒把"仁"置于"天人感应"的宇宙论框架中，认为天地的美表现在天地无私地长育万物。《乐记》以音乐为言说对象，对"和"的美学思想作出了延伸，认为音乐的和谐可以"与天地同和""通伦理""与政通"。《毛诗序》则以诗歌为言说对象，对儒家诗论做了系统总结，"发乎情，止乎礼义"是儒家诗教的经典命题，对后世艺术美学思想产生了巨大的影响。

2. 魏晋南北朝及隋唐美学思想

魏晋南北朝时期是"文学"的自觉时代，也是中国美学真正起步的时代。文学艺术不再被看作是朝廷进行伦理教化的工具，而被看作是个体人生意义价值、个人生命生存境遇的审美表达。曹丕《典论·论文》首倡"文以气为主"，强调作家的个性、气质、天赋与文艺创作风格的内在联系。钟嵘《诗品序》以"摇荡性情"说诗，强调诗对个体心理感受的表达。陆机《文赋》高标"诗缘情"，确立了情感在文艺中的本体地位。嵇康、宗炳分别论证音乐和绘画的审美特征。刘勰的《文心雕龙》不仅提出了"神思""风骨"等重大审美话题，还构建了中国古代第一个完整系统的文论、美学体系。

儒家美学在唐代的发展，主要是通过杜甫、韩愈、白居易等人来体现的。杜甫的诗既温柔敦厚，又沉郁顿挫；韩愈坚持文以载道的儒家美学传统，兼顾"物不平则鸣"的独创精神；白居易发挥诗的讽喻作用，以求改良政治。唐代美学的最高成就在道家美学与禅宗美学，集中体现为意境理论的创立。王昌龄的《诗格》明确提出"诗有三境"，即物境、情境、意境；皎然的《诗式》将佛教思想融入诗歌理论，提出"取境"之说，分析了意境创造的审美心理特征；司空图的《二十四诗品》，以审美意象为核心，"不着一字，尽得风流"，他还提出"思与境偕""象外之象""韵外之致""味外之旨"等观点，既刻画了意境的审美构成和审美品格，又创建了一套完整的意境美学理论。

3. 宋元明清美学思想

随着宋代市民阶层及以市民审美趣味为核心的世俗审美心态的兴起，宋代美学呈现出追求平淡境界和"以禅喻诗"的特点。欧阳修主张诗文"古淡而有真味"，苏轼以平淡为"文"的最高境界，认为"大凡为文当使气象峥嵘，五色绚烂，渐熟渐老，乃造平淡"。严羽《沧浪诗话》以禅学为理论依据，探讨诗歌的审美特征，认为"禅道惟在妙悟，诗道亦在妙悟"，"妙悟"是"最上乘"的因素，是诗的"正法眼藏"，认为一切外在的事物、现象，只有作为人的自由内心生活的表现，才有真正的美的意义。

明代李贽主张一切诗文自然地表现人的性情。汤显祖把"情"提到使"生者可以死，死者可以生"的高度，并提出"世总为情，情生诗歌，而行于神"。清代美学延续明代"主情说"，黄宗羲"诗以道性情"，王夫之提出"情之所至，诗无不至"，对"情"与"诗"的关系做了深刻的阐述，另外，王士禛"神韵说"、沈德潜"格调说"、袁枚"性灵说"都与"主情说"一致，表达重自我、重个性、重情感的美学思想。

4. 现当代中国美学研究

随着西方美学思想的引进，中国传统美学在中西美学思想的碰撞、交汇中开始了真正意义上的现代性建构。

《人间词话》是王国维构建的以"境界说"为核心范畴的美学体系，是中国现当代美学的第一个理论模式。王国维以中西方共有的"自然"概念诠释出"境界"一词，认为"境界"有三种含义：真实、率真、清新。他提出和阐述了物与我、意与境、虚与实、情与景、写境与造境、有我之境与无我之境、诗人之境与常人之境等概念和命题，拓展了中国古典美学意境说的理论内涵。

蔡元培的美学思想，是以美育实践为轴心展开的，他认为美育的意义在于用美的事物来陶冶人的情感和行为，提出了"美育代宗教说"，成为中国现当代美育思想的最早开拓者。

20世纪30年代以后，中国现当代美学进入更有生机、更富有建设性的阶段。朱光潜在《谈美》《文艺心理学》《诗论》等著作中，运用西方美学思想的直觉说、心理距离说和移情说，对审美心理和艺术创造心理做了细腻而独到的分析。宗白华在《略谈艺术的价值》和《中国艺术意境之诞生》等论文中，对审美、艺术和人生的关系，艺术意境的生成、构成和魅力及中西美学特征的比较等问题提出了精彩的见解。此外，钱钟书的《谈艺录》也为中国现当代美学增添了厚实的内容。

20世纪40年代以后，在鲁迅、瞿秋白、周扬和冯雪峰等人的介绍下，马克思主义美学思想进一步中国化，产生了毛泽东同志《在延安文艺座谈会上的讲话》这一具有深远意义的文艺理论和美学文献。同时，蔡仪的《新美学》和李泽厚的《美的历程》也开始了中国现当代特色美学理论的有益尝试。

二、西方美学发展概况

关于"美是什么"这个命题，从古希腊圣哲苏格拉底与希庇阿斯辩论开始，无数的哲学家、美学家、思想家为了探寻美的奥秘，从不同的途径进行了艰苦的探索，但至今仍像"斯芬克斯之谜"一样，无人能给出让大家心悦诚服的答案。

回答"美是什么"之所以困难，是因为它所要求的并不是对个别对象做审美判断，而是要求在各种美的对象中找出美的普遍本质，或者在与非审美对象的比较中找出其特殊的本质。通过西方美学发展史可以发现，美学始终被当作哲学的一个分支或组成部分来看待，并与哲学史一起经历了从"本体论阶段"到"认识论阶段"再到"语言学阶段"的转换。"本体论阶段"指的是以"本体"或"存在"为思考中心的思想发展阶段，起止时间大约从古希腊早期到 16 世纪。这一阶段，西方思想的焦点是探索超越于人与万物、给人与万物以存在根据的本体，解答世界是什么的根本问题。对本体的追求激发和滋养了人类的智慧，也催生和孕育了世界上最古老的学科——哲学。与哲学相对应，本体论阶段的西方美学，主旨是透过具体个别的美的事物，追求一种独立的、终极的、普遍的美，也就是使一切事物成为美的共同本质。这一阶段的美学思想家主要有毕达哥拉斯、柏拉图、亚里士多德、朗加纳斯等。

古希腊早期，毕达哥拉斯及其追随者从数学入手进行哲学和美学思考，认为事物最终由数构成，数的原则就是万物的原则，数给出一种永恒有序的局面和状态。柏拉图则开启了西方美学关于美的形而上的思考方式，他严格区分了"美的事物"与"美本身"两个概念，主张美学思考应该超越美的具体事物去寻求美本身。这个美本身，柏拉图称为理念，理念是万物的本体，是永恒不变的原型。柏拉图的学生亚里士多德一反柏拉图将理念与现实、本体与现象分离开来的世界构成论，转而到"一个世界"探讨"存在"，把"存在"理解为推动事物形成、发展的"实体"和"始因"。亚里士多德认为美的本体与美的现象统一于客观世界，美的形式归结为"秩序、匀称与明确"，同时美与善紧密相连，一切事物都有美和善的天然趋向。

文艺复兴后，西方美学进入认识论阶段。这一阶段，哲学焦点由世界本体转移到真理获得的可能性及人的认识能力等，思维范式由本体论范式转移为认识论范式，更具有伦理学和人性论的倾向。这一阶段，西方美学的主旨是探求审美的起因与构成，追寻人的审美能力。经验主义认为一切知识来源于感官知觉和经验，肯定各种感性素质在认识活动中的作用。培根认为，人作为认识主体具有理性和感性两种灵魂，在感性灵魂中，想象体现着审美能力的本质特征。理性主义更看重感觉经验对理性、法则的尊崇和服从，试图将审美现象与最高真理、纯粹知识联系起来。笛卡尔从"我思故我在"入手，建立了审美主体，找到了审美活动的理性原则。法国启蒙主义美学的代表狄德罗提出了"美在关系"说，美表征着一切物体所共有的品质，美在关系中，以关系为转移。德国古典美学的代表康德将美学思想的发展推向顶峰，他在以鉴赏判断为核心的《判断力批判》中提出，判断力中最重要的是鉴赏判断，即审美，其宗旨是以审美连接自然世界和自由世界，以美学作为沟通认识论和伦理学的桥梁。在此基础上，黑格尔提出了"美是理念的感性显现"的论断，得出艺术的美不是来自所表现的事物本身的美，而是来自理念的感性显现。因此，美学研究的对象应是艺术，美学应是"艺术哲学"。

19世纪末至20世纪初,西方思想界采用全新的语言来叙述世界与人生,开启了语言学的转向,西方美学走向语言学阶段。语言学阶段的西方美学的宗旨是探寻人是如何生存于世界及如何谈论世界和人对世界的认识。

人本主义美学将语言置于美学思考的中心地位,赋予语言以本体论的崇高地位,以人为核心、起点和归宿来探究审美现象,其先导是以叔本华、尼采为代表的唯意志主义美学。人本主义美学在经历了"直觉说""孤立说""移情说""心理距离说"的不同演绎后,由弗洛伊德提出了审美和艺术创造均是审美主体的无意识升华和转移的命题。当代科学主义美学关注作为思想的表达媒介和意义的符号工具的语言,其思想先驱是19世纪以孔德为代表的实证主义美学和19~20世纪以马赫为代表的经验批判美学。杜威把实证主义的观点应用于美学,认为艺术是自然经验的延续和完善,审美经验与日常经验密不可分;以维特根斯坦为代表的分析美学通过"语言批判",清洗了传统美学中的没有意义、不可分析和无法定义的概念和命题,推进了美学的科学化。

第二章
剪纸之美

思政目标

1. 通过剪纸刻画描绘弘扬爱国主义奋斗精神,通过人物细节与职业精神的进一步融合,传达了中国力量,突出了榜样特质,以榜样的事迹引领前行。

2. 通过剪纸作品赏析,分析剪纸艺术的历史沿革、地域风格、基本样式和语言符号,让学生感受传统文化的深厚底蕴,弘扬中华美育精神,根植乡土文化,提高学生的审美素养和文化自信。

二维码2

第一节　剪纸审美

剪纸又称刻纸、窗花或剪画,是一种镂空艺术。诞生于广大劳动人民生活智慧的民间艺术,因此中国传统剪纸又被称为民间剪纸,日常生活中处处可见。剪纸是一种简约而直接的即兴艺术创作,工具、思维、功能和叙事主题构成了民间剪纸的基本文化属性,剪刀与刻刀的局限性使造型的表达要更加清晰肯定,更加自信主动,从而更加直接地表现内心情感。剪纸艺术表现语言上的直接和概括,为解放人的视觉约束和寻找个体意味的现代性提供了有效途径。民间的即兴创作中也包含着人类古老的文化表达方式。民间剪纸的传承与口传文化思维息息相关,剪纸同样依赖于纹样"程式化"的传承,而传承人群在实践中的即兴创作,使纹样的程式化在传递中变化得多姿多彩。

剪纸跨越了语言障碍和文化陌生感,是一种受各个国家观众欢迎的文化交流方式。中国剪纸在互联网时代依然焕发着独有的艺术魅力,剪纸这种"心手造物"的方式有极强的文化亲和力,剪纸叙事具有极强的文明承载力和融合力,剪纸实践也是打开身心、解放思维的有效教育方式。传统剪纸构图时多强调"圆满"。剪纸作品所表现的主体占据画面的大部分,主体部分之外也会通过裁剪花纹进行装饰,无大面积留白情况的存在。这与中华民族自古以来崇尚团圆、美满的观念相关,已经成为中国传统剪纸约定俗成的创作规律,因此中国传统民俗剪纸作品既是对已有题材的继承与模仿，也是对于传统文化的一脉继承，给予传统民俗剪纸文化上强大的稳定性，使其在社会文化基因谱系的传承上发挥了重要作用。

中国传统民间剪纸分布地域十分广泛，由于地理环境、风俗习惯、审美趣味等形成了风格迥异的南北风情和区域特色，受历史、地域影响逐渐形成不同风格流派。

一、中国北方剪纸流派

北方民间剪纸风格以朴实简练为主，带有浓郁的乡土气息，以粗犷豪健为主。剪纸艺术的特点主要表现在空间观念的二维性，可分为多维空间、意象造型、传统阴阳观三大类型，造型特点则突出表现为主观的表现性、造型的平面化、内容的程式化等。剪纸的技艺特征因单色、复色的不同，剪刻也有不同的技巧和程序，例如复色剪纸的分色、衬色、染色、勾色、拼色、水印、纸塑等剪纸形式工艺便颇为复杂，也多带有丰富的艺术效果。剪纸因材料的低廉、工艺的简便而与民居、服饰、祭祀、器用等类民间艺术关系密切。题材及主题也浅显平易，选材广泛，制作工艺也不一而足。其载体有纸张、金银箔、树皮、皮革、布等，并逐渐发展成多色、套色等特点，形成"简中求繁、繁中求和、和中求殊"的原色、重彩艺术表现语言。

剪纸题材创作中多采用具象化类比，即用一种美好的事物去暗喻表达一种美好愿望；意义类比、形态类比，即选取富有吉祥意义典型动植物元素，如龙、凤、仙鹤、麒麟、蝴蝶、鱼、鸟、鹿、莲花、荷花、梅、兰、竹、菊、松、桃、牡丹等，此外还会选择特定人物形象，如八仙、戏曲人物、渔樵耕读、招财进宝等。

例如山东高密剪纸，以"把样"和"熏样"为主要传承手段，依靠口传心授的方式代代相沿不辍，通过临剪、重剪、画剪，描绘自己熟悉而热爱的自然景物、鱼虫鸟兽、花草树木、亭桥风景，以致最后达到随心所欲的境界，信手剪出新的花样来。高密剪纸的艺术风格以健康的原始力为起点，粗犷中见清秀，稚拙中藏精巧。作品构思浪漫而不失真，造型严谨而不拘泥，反映出独到的民族审美观。在艺术上，高密剪纸构思精巧，造型雅拙淳朴，线条刚劲挺拔，同时还透着灵秀细腻的韵趣，见图 2-1。

图 2-1 《福》《禄》《寿》（范祚信作品）

例如陕西剪纸，窗花是陕西剪纸最多的一种，此外，婚娶时的装饰，枕头顶子、鞋花和刺绣花样等，也是以剪纸为底样。陕北地区的人们大都住窑洞，门上装饰着大团花，窗上装饰"烟格子"，这一带的剪纸淳厚、粗壮，线条有力，剪纹简单。陕西剪纸，又被称为"活化石"，因为它较完整地传承了中华民族古老的造型纹样，如鱼身人面、狮身人首，以及与周文化相似的"抓髻娃娃"等，传承了中华民族阴阳哲学思想与生殖繁衍崇拜的观念，见图2-2。

图 2-2 《江娃拉马梅香骑》《剪花娘子和剪花姑娘》（库淑兰作品）

例如山西剪纸，山西民间剪纸的风格总体来说，具有北方地区粗犷、雄壮、简练、淳朴的特点。但是，因地域环境、生活习俗、审美观念的不同，各地剪纸又有差异。如晋南、晋中、晋东南、晋西北、吕梁山区的剪纸，多为单色剪纸，风格质朴、粗犷。而流行于雁北地区的染色剪纸，则婉约典雅、富丽堂皇，尤以"广灵窗花"为代表。见图2-3、图2-4。

图 2-3 《将进酒》（张多堂作品）　　图 2-4 《二月民俗》（王计汝作品）

例如河北蔚县剪纸，其构图丰满，实多于虚、黑大于白、面强于线。画面中确定一个主形体后，再安排次要形象进行陪衬、烘托和装饰。主体突出醒目，画面充实均衡，物虽多，但布局合理、疏密有致，全无堆砌之感。蔚县剪纸多使用明度和纯度高的色彩，强烈的色彩对比鲜明，红火热闹，喜气洋洋，在视觉上给人以无比欢乐、喜悦的艺术享受。河北蔚县剪纸源于明代，其制作工艺在中国众多剪纸中独树一帜，这种剪纸不是"剪"，而是"刻"，它是以薄薄的宣纸为原料，拿小巧锐利的雕刀刻制，再点染明快绚丽的色彩而成。整个工艺过程有画、订、浸、刻、染、包六道工序，即所谓"阳刻见刀，阴刻见色，应物造型，随类施彩"而成。见图2-5。

图 2-5 《京剧人物》（王老赏作品）

二、中国南方剪纸流派

中国南方剪纸流派以细腻风格见长，线条明快流畅、典雅精致、玲珑剔透、灵秀纤细等是其主要特点，正如郭沫若先生所说："曾见北国之窗花，其味天真而醇厚；而见南方之刻纸，玲珑剔透得未有。一剪之巧夺神功，美在人间永不朽。"一语道破南北剪纸的风格特点。

例如福建剪纸，在节日、窗花、灯花、刺绣稿样中都有应用，常用于祈求风调雨顺、出海平安、五谷丰登、岁岁安乐等。不同的地区如泉州、漳浦、柘荣、浦城等都有各自的剪纸特色，如泉州剪纸的图案多样、漳浦剪纸的纤细秀丽、柘荣剪纸的粗犷抽象等。福建剪纸的礼品花、鸡爪花、猪肚子花等造型别具一格，充满了寓意和象征。见图2-6。

(a)《海韵潮音》（孔春霞）　　(b)《茶壶花》（陈鲍来）　　(c)《福船政》（周冬梅）

图 2-6 福建剪纸

例如佛山剪纸，风格金碧辉煌、苍劲古拙，结构雄伟奔放，用色夸张富丽，以剪、刻、凿、印、写、衬等技艺并用，材料和表现手法巧妙结合，具有鲜明的地方特色。佛山刻纸利用佛山名特产铜箔和色纸作主要原料，具有色彩丰富、苍劲豪放等独特的地方风格。在制作方法上，有材料刻纸、写料刻纸、纯色剪纸三大类，以铜衬料、铜写料、铜凿料为最具特色。见图2-7、图2-8。

图2-7 《百鸟朝凤》（陈永才）

图2-8 《九鱼图》（陈永才）

例如江浙剪纸，秀美精致，比较有代表性的是浙江乐清的细纹刻纸和江苏扬州剪纸。乐清细纹刻纸源于乐清民间剪纸"龙船花"，它突出的一个特点是细，在早期"龙船花"的刻纸中，细得能在一寸见方的纸上刻出52根线条，一幅碗口大的细纹刻纸要十多天才能刻成。乐清细纹刻纸的工艺使各种民间图案纹样都能在几厘米见方的纸上得到细致而丰富的表现，有"中国剪纸的南宗代表"之称。扬州是中国剪纸流行最早的地区之一，唐宋时期就有剪纸报春的习俗。扬州剪纸线条清秀流畅，构图精巧雅致，形象夸张简洁，技法变中求新，形成了特有的剪纸感受和艺术魅力，为中国南方民间剪纸艺术的代表之一。见图2-9、图2-10。

图2-9 《九龙献珠》（林邦栋）

图 2-10 《百菊图》(张永寿)

三、湖北民间雕花剪纸

湖北民间雕花剪纸以"雕"为主要表现手法的剪纸艺术，它是将纸放在蜡板上，用小刀刻镂加工而成的，又名花样，主要作为刺绣图案底稿使用，辅助刺绣，俗称为"雕花剪纸"。湖北雕花剪纸，是一项地方传统的民俗艺术，在武汉、沔阳（今仙桃）、孝感、鄂州等地区都有这种传统工艺的发展。一般可重叠一二十层白纸雕刻。艺人们雕出的"花样子"，一般用于鞋、鞋垫、帽、枕头、涎兜、帐飘、帐帘、门帘等刺绣纹样，纹样多为寓意吉祥和瑞庆图案，如"喜鹊登梅""龙凤呈祥""鸳鸯戏水""金鱼闹莲""鹿鹤同春""鲤鱼跳龙门""狮子滚绣球"等。沔阳雕花剪纸构图繁茂完整、黑白虚实分明、刀法流利工整、破工精细严谨、点划秀美匀称、线条舒展圆润、配景寓意传情、图案丰满均衡，具有写实兼写意、变形不失原形、艺术语言丰富、装饰风味浓烈等特征。

湖北民间传统雕花剪纸艺术的纹样有着丰富的变化性与想象力，并不受现实生活的束缚，创作者常常抓住表现对象最主要的特点，去掉复杂的细部，化简去繁，使得图案更简洁、集中、典型化。采用花套花、花包花、叶套花、花有果实、果中有花等丰富的造型手段，使画面更加细腻有趣。湖北民间传统雕花剪纸的构图常根据作品题材和需要表达的主题思想，把适合的图样元素根据美学审美组合在一起。有独立、对称、连续、组合花样，这些底稿花样的构图变化、组合设计、点线面之间的分割组成了独具一格的形式法则，而这一法则又与常规的图案造型构成的规律相吻合与统一，它们是另一种方式的对称均衡、对比调和与变化统一，形成了造型简洁、工整、流畅、秀美的特点。湖北民间传统雕花剪纸大多象征着人民对美好生活的向往，运用具有象征性的语言和吉祥寓意的"彩头话"来表现，还有就是表达人们渴求多子多福的愿望。湖北雕花剪纸的丰富内涵和多元化也表现在实用性和装饰性的结合上，表现出浓郁的荆楚地区的浪漫主义色彩。见图 2-11、图 2-12。

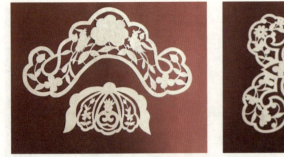
(a)《帽花》

(b)《围诞花》

图 2-11 老花样（一）

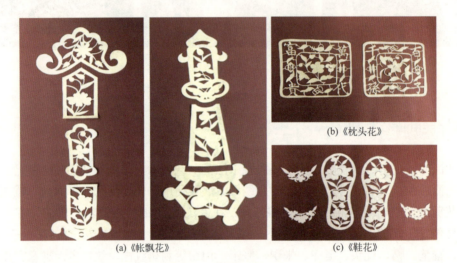

(a)《帐飘花》　　(b)《枕头花》

(c)《鞋花》

图 2-12 老花样（二）

源自沔阳民歌的剪纸作品《小女婿》，见图 2-13。

图 2-13　沔阳民歌剪纸——《小女婿》（严洁）

如图 2-14 所示，源自沔阳婚俗"于归文化"的剪纸。

(a) 媒妁　　　　　　　　(b) 订婚　　　　　　　　(c) 酒坛子

(d) 扯脸　　　　　　　　(e) 备婚　　　　　　　　(f) 辞祖、劝嫁

图 2-14　沔阳婚俗剪纸——于归文化

第二节　剪纸表现

随着时代的发展与科技的进步，传统民俗剪纸经过长时间的历史流变之后，迎来了新时期的发展，传统剪纸范式已经很难满足当今社会对于情感表达的需求，在艺术家、艺术创作中体现得尤为明显，国内外艺术家开始尝试并打破传统创作规律的束缚，将全新的文化元素融入传统剪纸之中，源于传统又不失现代，代表性的人物有"剪花娘子"库淑兰、"小红人"剪纸作者吕胜中、"创世纪"华裔德籍剪纸艺术家任戎以及亨利·马蒂斯等。

一、"剪花娘子"库淑兰

"剪花娘子"库淑兰的剪纸诉诸人们的视觉,给人留下的印象是含蓄、丰富,以及更富于情感的表现。她的剪纸造型轮廓线是以自由曲线为主,造型极少有纯粹的几何形体,绝大多数是变化丰富而又含蓄的自由形体,这和中国传统的审美思想是密不可分的。库淑兰的剪纸作品追求主体图形和装饰纹样的完美结合,采用不同色彩的纸张剪成主体图案及装饰纹样。作品《剪花娘子》层层的粘贴似乎在向人们诉说着一个个动人的故事,剪纸中也承载着她对美好生活的追求与向往。库淑兰剪纸处处充盈着点、线、面的组合和求全求美的构图和装饰实践中放弃透视、解剖、光暗等写实法则,力求表现主观感受并有个性的发挥,用内在的精神来组织和表现意象、抽象和幻象,以满足视觉的愉悦,引起心理的共鸣。库淑兰剪纸作品中出现的人物、动植物、建筑、器物等形象不讲究透视,大多以正面正身或正面侧身的形象出现,保留了人类最初始、最基本的对客观物象的理解和观察方法。库淑兰剪纸作品"剪花娘子"习惯运用大面积暗红色作底,然后在主体图形上用鲜亮的色彩进行装饰,她的剪纸以"求满"的形式布置,使得背景的空间很小,其实背景也可以看作形象。库淑兰剪纸艺术中的民俗色彩呈现3个突出特点:其一是色彩的主观性,其二是色彩的厚重感,其三是色彩的和谐感。库淑兰善以红配绿、蓝配绿,库淑兰却并不过分在意色彩的相性问题,其在众多作品中用高对比的色彩来构成画面,色彩搭配看似复杂和不稳定,但整个画面却看起来十分和谐、单纯。见图 2-15。

图 2-15 库淑兰剪纸《剪花娘子》

二、"小红人"剪纸吕胜中

"小红人"剪纸作者吕胜中到陕北采风考察说:"民间艺术更接近中国传统文化的本源特点,读书期间我将 70% 的时间花费在对民间文化的考察上,最终得以获得对中国传统文化较全面的认知。我可以将它们衔接起来,那是全人类的文化遗产,无论中国的还是国际的,都具有共通性。"在西北,他跟随当地农村婆婆一起剪"抓髻娃娃",那是他第一次剪小红人,将人形作为生命符号,他认为那是每个"人"的灵魂,代表着"人类共性的本真"。当代艺术家吕胜中在探寻剪纸的现代形态变革中,深刻地认识到这一点,并创造了极具意义的正负影像的对立共生,而"小红人"是他最具代表性的作品。"在这里,空即是实,实即是空。图底互换、正负相生、阴阳一体、天地浑成、男女化合、有无不分、心物两忘、始即是终，一切都魔术般地契合在一起。"见图 2-16、图 2-17。

图 2-16 《天地合，万物生》剪纸（1985）

图 2-17 《小红人》剪纸（1991）

三、"创世纪"华裔德籍剪纸艺术家任戎

"天地与我并生，万物与我为一"——任戎一直在用自己的作品诠释着这一理念，在他看来，艺术家就是创世，也就是自己创造自己的世界，任戎三种形式的作品：第一是钢铁材料的透雕装置；第二是纸质材料的拓印作品；第三是综合材料的 3D 构成，但统统与剪纸的概念有关。任戎从剪纸艺术出发，一来学于中国民间剪纸，二来受马蒂斯晚年剪纸作品启发，将西方艺术与中国艺术、现代艺术与传统艺术、精英艺术与民间艺术的跨界，以此寻求突破。任戎的作品中，人与动物的形象构成了整幅画面，他通过不断感悟"万物同源""天地化生""天人合一"等东方宇宙观、生命观，不断接近其真谛，并赋予它们以日益贴切的表现形式。艺术家让人与物、生命与非生命、动物与植物，以及形与色、动与静、刚与柔、阴与阳、时间与空间、有声与无声、视听与触觉、平面与立体，乃至于自然与人文、东方文化与西方文化、精英艺术与民间艺术……统统跨越了各自的边界，朝着对方转化而去。随着横亘在作品与观众、艺术与生活间壁垒的消失，"天人合一"之道显现出来。见图 2-18 ～图 2-20。

图 2-18 《人墙》剪纸装置（2015）

图 2-19 《创世纪系列 1～10》铁雕装置
300cm×75cm×75cm（任戎 2014）

图 2-20 《创世纪》系列 6——《春意盎然》（任戎）

任戎艺术语言从表现形式来看，它的雕塑作品，有着如青铜器、皮影、篆字一般的质感和神韵，镂空、互联的视觉处理都与中国传统文化中的碑帖、对联等元素相关。这些特质使得我们极易发现它与中国传统文化的"形似"之处，若抛却掉形式与质料，将目光重新聚焦到艺术表现的主体上，不难发现那些不拘一格、形态多元、姿态夸张、向外扩张着的、带着强烈自我意识与自由精神的拟人形象及浓烈色彩受到了欧罗巴文明和古希腊悲剧式的洗礼。在任戎的奇幻世界里，一切可以跨越，一切可以互联。"作为中国人，我为我出生国度的文化感到骄傲，我喜欢篆字与鼎文，看到青铜器的造型也会让我兴奋。以《创世纪》系列为例，它的外形可以说与中国历代审美的基因延续有关，它像千姿百态的书法字帖——方方正正的文字以条幅状和竖直的形态向上直立……这些都根植于我早年在南京艺术学院的学习记忆。大概是两年前，我开始尝试着将语言、象形文字的一些要素融合到作品中，例如《生生不息》这类作品的背景材料的拼贴。"

四、亨利·马蒂斯

西方野兽派的创始人亨利·马蒂斯，以色彩运用大胆而闻名，剪纸作品主要为晚年所作。

马蒂斯的剪纸艺术有其自身的审美特质，有着鲜艳的色彩、明媚的图案和松弛的姿态，给人的直观感觉是直接、单纯、富于理性。主要表现以下三个方面：其一，"简约"平面化的审美意趣。其二，装饰性的色彩美。其三，技法与材料生发的美。在剪纸创作中，马蒂斯放弃了物象三维空间逼真的色彩，转向了使用具有二维平面化的平涂式色彩。马蒂斯为使这种二维空间更具视觉冲击力，常常通过色彩并置的方式来处理。最为典型的就是对比关系的利用，比如纯度对比、冷暖对比、黑白灰对比以及补色间的并置对比来取得响亮的画面。

马蒂斯的剪纸是早期现代主义基于材料和基于工艺的装饰艺术设计。剪纸轮廓也有不少是自由曲线构成的，但绝大部分潜存着几何曲线的倾向。他为旺斯的玫瑰经教堂设计的作品《玫瑰经教堂》就运用了这一手法。几乎每一幅轮廓图中都保留有原始的手工刻痕或参差不齐之处，它们与那些基本图案本身随意、流畅、优美的形状相结合，传递出现代主义理念：形式并非绝对，而是潜在的、含蓄的或易变的。《坠落的伊洛卡斯》描绘的是希腊神话中伊洛卡斯从天空中坠落的场景，马蒂斯使用黑色的形象增加沉重感，体现了自然的重力，从上至下。受东方绘画书法的启示，马蒂斯剪纸造型极其简练，力求夸张和单纯化，并且充满着装饰性。注重图形以意造型的表意性，无所顾忌的细枝末节的省略，起到"此时无声胜有声"的效果。他的剪纸实际是另一种方式的绘画，同样表现出对色彩的大胆运用，红色与绿色，蓝色对橙色，黄色搭紫色，这种强对比的色彩运用，充分体现了马蒂斯对色彩的超强驾驭能力，马蒂斯的作品呈现的是大面积的构成形式，干净利落、对比强烈。见图 2-21、图 2-22。

图 2-21　马蒂斯作品《玫瑰经教堂》（*The Chapel of the Rosary*）　图 2-22　马蒂斯作品《坠落的伊卡洛斯》

第三节　剪纸文化

剪纸的镂空形式的出现较早，西汉时期的植物纤维纸使现代意义上的剪纸出现成为可能。唐代诗人李商隐的《人日》诗中，可以窥探到剪纸的起源："镂金作胜传荆俗，剪彩为人起晋风。"说的是镂金作胜的风俗是从荆楚（今湖北省荆州一带）传来的，"剪彩为人"也是从晋朝兴起的。宋代刘恕所著《通鉴外纪》中也记载有："晋惠帝正月赏宴，百花未开，令宫人剪五色通草花。"中国现存的古代剪纸实物距今1500多年，迄今为止考古发现最早的剪纸出现在南北朝时期的新疆吐鲁番市阿斯塔那303号墓的北朝团花，此外还出土了对马团花剪纸、对猴团花剪纸、对蝶团花剪纸、菊花纹团花剪纸、人形剪纸等。隋唐、汉代以来的剪纸习俗更加兴盛。唐代与隋代相比，剪纸的普及程度更是有过之而无不及。如图2-23～图2-25所示。

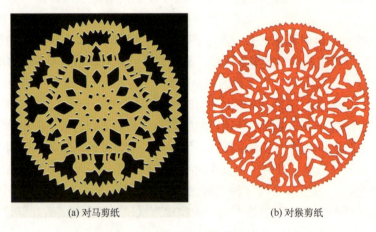

(a) 对马剪纸　　　(b) 对猴剪纸

图2-23　阿斯塔纳出土的剪纸（一）

(a) 北朝团花剪纸　　　(b) 北朝人形剪纸

图2-24　阿斯塔纳出土的剪纸（二）

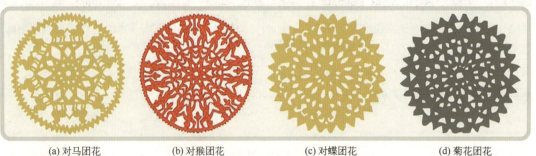

(a) 对马团花　　(b) 对猴团花　　(c) 对蝶团花　　(d) 菊花团花

图2-25　阿斯塔纳出土的剪纸（三）

如段成式在《酉阳杂俎》说："立春日，士大夫之家，剪纸为小蟠，或悬于佳人之首，或缀于花下，又剪为春蝶、春胜以戏之。"唐代剪纸之盛由此可见一斑，不管是平民百姓，还是达官贵人，都会在春季到来之时剪纸以庆。五代时的南唐、后蜀、吴越等地民间，妇女除了掌握女红，有以剪纸巧作的观念。五代以后，剪纸艺术应用更趋广泛。到了宋代，主要由于南宋定都于临安（杭州），剪纸艺术在浙江民间日益普及。与此同时，剪纸艺术的应用领域，内容题材变得丰富多彩，剪纸品类剧增，形成了节令剪纸、陶瓷贴花、灯彩花、花样剪纸、婚俗剪纸等适应不同功能和场合需要的剪纸类别。宋代民间商品经济发达，北宋和南宋的京城汴京、临安，是剪纸艺术比较发达的城市。当时的"货郎担"这一行业非常活跃，有些"货郎担"担头百货中的品种之一便是剪纸。明清五百多年，民间剪纸可谓遍地开花，我国的南北各地，以至少数民族无不有剪纸流行。明清期间，到处都能见到民间剪纸的张贴，无论是婚嫁喜丧，还是节庆仪礼，或是衣、食、住、赏、玩等各种场合，以至有些寺院、庙宇、庵堂等，也会见到剪纸花的应用。2006年，剪纸艺术被列入第一批国家级非物质文化遗产名录；2009年，剪纸艺术被列入联合国教科文组织"人类非物质文化遗产代表作"名录。

节庆剪纸包括中国传统节庆，例如春节窗花、元宵节剪纸灯花、门签、门笺等，贴窗花是传统春节的重要内容；门签是用来贴挂于门檐等；门笺又称挂钱、罗门笺、门吊、花纸、吊挂、吊钱、纸挂、活门钱等，是一种古老的汉族民俗艺术品，春节期间贴在门楣上、窗上、水缸上等处的装饰刻纸，是中国传统的年节门（窗）楣吉祥装饰物。剪纸灯花题材大都是祈福禳灾、长寿富贵、五谷丰登等祈好的吉祥内容，另外也有神话故事、戏曲人物、灯谜故事、边饰图案、吉祥文字及其他图案。灯花大小形式一般根据彩灯的规格、样式、空间大小确定。在节日民俗中，还有屏花、墙花、顶棚花、角花等剪纸形式。民间剪纸是婚丧寿诞等人生礼俗活动的表现形式和重要内容。十二生肖剪纸是对人生的重视和对生日的纪念。这类剪纸一般多用于祝寿、贺喜、生育等民俗活动。喜花剪纸是随着中国婚俗的逐步发展而出现的结婚用品，流传在全国各地。喜花也称婚礼花、礼花、嫁妆花等，其中还有用于庆祝怀孕生育的形式。喜花以各种喜字及谐音、寓意等花鸟人物为题材，表达对新人幸福美满、早生贵子的祝福。人物剪纸多取材于戏曲故事、历史传说以及神话故事等。

剪纸不仅具有较强的实用价值，而且用途广泛，既装饰美化了人们的生活，又是民间生活习俗不可或缺的内容。除了前述节日剪纸，顶棚花、墙花、家具贴花等形式作为房舍宅居装饰和器物装饰也渗入平常百姓的日常生活当中。顶棚花，多贴在用高粱秆扎成的"顶棚"上，样式较为自由，团花可用圆形、方形及其他不规则形状，角花和边花则以三角花、二方连续等图案为多见。墙花一般贴在炕周围，又称"炕围花"，其题材多以戏曲人物为主，也有一些取自民间故事。在传统节日时，还要剪刻一些吉语图案贴在炕边、墙上、灶头。家具贴花是作为室内装饰的内容来剪刻的，图案富有寓意，与环境相呼应，如贴在厨房家具上，贴在衣橱、柜、条几、梳妆台、床头等处的剪纸。用于服饰、什物上的剪纸装饰纹样称为花样，一般以剪纸为底稿，包括了鞋底、鞋垫、鞋帮装饰的鞋花，衣服装饰的领花、袖口花、裤口花、围涎花、绣袍、绣花衣、绣裙、兜肚、帽子以及婚嫁用的物品，车轿顶头、帐沿、枕头、手帕等。服饰花样多以花卉祥鸟、人物故事、吉祥文字、瑞兽、五毒等较常见，具有特定的寓意性和象征性。除了用于人们的穿戴衣饰之外，还有一类用于荷包、被褥、枕、帐、袋等类织物的剪纸花样。另有少量的用于其他材质和器具的剪纸装饰也属这类范畴。皮革类的包、囊，家具类的雕刻底样，以及陶瓷和印毡也有使用。

第三章

蓝染之美

思政目标

1. 引导学生将中国精神、传统文化、荆楚文化历史等元素融入植物染课堂，倡导非遗植物染文化和手工技艺的活态传承。

2. 引导学生了解传统植物染的工艺历史与传统、文化与观念，从蓝染的传承与创新视角，结合案例进行阐释与分析，提出迈向绿色环保的印染时尚与可持续发展观念。

二维码 3

第一节　蓝染审美

本书介绍的蓝染属于草木染的一种，用蓝草叶子发酵制作而成的植物染料给布料上色，称之蓝染。蓝染属于传统的非遗印染技法，植物染就是草木染，草木染具有生态环保的特点，材料的获取也相对来说比较容易和廉价，因此自然成为传统染材的首选。

有些蓝染材料本身就是中药，例如板蓝，其根就是常用的板蓝根这味中药。身穿板蓝染过的衣服不但没有化学物质的刺激，还能消炎止痒。植物染的染色周期相对较长，对人的经验和技能都有较高要求。以蓝染为例，要从采摘蓝草开始经过打靛、建蓝、染色等工序，每个工序都要有一定的经验要求，而且有些步骤要反复几次进行，这与工业化批量生产是不同的，需要时光的慢慢沉淀。见图 3-1。

蓝染也分生叶染和蓝靛染色，其中以蓝草制靛还原染色为主，是所有植物染色中使用最广泛和普及率最高的染色手法，中国传统蓝染工艺主要包含蓝扎染、蓝夹染、蓝蜡染、蓝印花布四个工艺，蓝印花布通过在油纸上制作镂空的花板，采用纸板刮浆式的防染工艺印染，这种印染工艺使得蓝印花布印染技艺和生产效率远远高于其他地区采用夹缬式、蜡缬式、绞缬式，以及部分少数民族传统手作蓝靛印染。

蓝色是光的三原色之一，是天空与海洋的色调，蓝色在视感中有很强的悠远空间感，多层浸染的蓝色在自然光下能产生特别的透明舒适感，代表着沉着冷静与稳重的审美趣味。

图 3-1　蓝染过程（周玉媛）

蓝印花布作为传统民艺应用特别广泛，民间多用于被套、包袱布、服装、门帘等日常生活用品和装饰品，由此成为一定时期大众审美与生活实用结合紧密的代表。蓝印花布在我国很多纺织业发达的地区都有生产，其中江南地区以细腻沉静的南通蓝印花最为出彩，中部地区以湖北的朴实轻快的天门蓝印花为代表。

一、蓝印花布真假工艺鉴别方法

真假蓝印花布的燃烧判别方法：用火点燃蓝色花布的一个角使其燃烧，再吹灭火（保持布上火红的燃烧边缘不灭掉），然后马上把"火红的燃烧边缘"靠近一张白纸（基本碰上白纸），如是真的蓝印花布，则在纸上会留下一个蓝色的痕迹，假的则没有蓝色的痕迹。这个试验的原理是，真蓝印花布用植物靛蓝染色，而植物靛蓝这一染料在160℃时会升华，而其他使用在棉布上的染料无此特性。

真假蓝印花布的目测判别方法：传统蓝印花布用石灰和黄豆粉作物理防染剂，如是单面印花，则布的反面是全蓝色的（对应于正面是白色花型的地方反面蓝色稍浅一点），如是双面印花，则花布的正反面花型一样（因为是手工对板印花所以往往稍有错位）。而机器生产的仿制品则有以下两种情况，凡是在白布上印上蓝色的染料或涂料，则花布反面的蓝色明显不均匀；如果是拔染印花的产品，正反面的蓝色一样，而在反面，对应于正面是白花的地方呈现出"花白"。

二、湖北蓝印花布

湖北地区蓝印花布有蓝底白花和白底蓝花两种,在色彩上只采用蓝色和白色两种颜色。白色是浅色,代表鲜亮,给人以光明、纯洁、神圣的感觉;蓝色为深色,代表深沉,给人以宁静、稳重、宽厚、包容、内敛的感觉,两种色彩相互搭配,色彩看似单一,却形成了鲜明的对比效果,产生了一种明快、朴素、宁静、和谐的视觉感受。

1. 几何纹样

湖北蓝印花布传统几何纹样受楚文化的影响,楚器物中的"云雷纹""云纹""乳钉纹""涡旋纹"等等都是常常出现在蓝印花布中的传统几何纹样。这些湖北蓝印花布传统几何纹样的共同特征是常以一个或者几个为单位进行有规律的排列组合,采用二方连续或四方连续的构图方式,追求严整规格的美感,形成连续的有规律的直线、曲线或者形成循环反复面。这样的传统几何纹样在保留基本形式内容的同时,还增添了传统纹样的整齐美和秩序美。如图 3-2 所示,湖北天门的蓝印花布枕巾局部图,"回纹"出现在整体图案的四周,首尾相连,连续不断,寓意生命的绵延蓬勃。再如湖北蓝印花中经常作为边饰的"如意纹",它通常与"盘长结"相搭配形成大家熟悉的"如意中国结"装饰纹样,寓意平安如意、吉庆如意、如意绵长。

2. 文字纹样题材

湖北蓝印花布文字纹样通常是以单体文字为单位,用文字自身的意思直接表达吉祥,如"福字纹""寿字纹""囍字纹"等都是常常能在湖北蓝印花布中看到的直接表达的文字纹样。湖北蓝印花布中的传统寿字纹样,最常见的是圆形的寿字纹样,也被称为"团寿纹"。这些"团寿纹"是由民间艺术家根据寿字的书写变形而来,圆形的寿字纹,在湖北被称为"圆寿",寓意"寿享天年"。当然,湖北人对"寿字纹"的应用也不是局限的、单一的,在湖北蓝印花中也可以看到,"寿字纹"经常与蝙蝠图案组合,寓意"福寿"。如图 3-3 所示,湖北天门蓝印花门帘的局部图,这幅"五福捧寿"纹样,原是蓝印花布门帘中花瓶中心的主体纹样,五只蝙蝠与团型的"寿字纹"组成的纹样,象征福气与寿康,被称为"五福捧寿"。湖北蓝印花布中的传统"寿字纹",注重结构的整体把握,造型独立而又完整丰满,给人以古朴又严肃的意趣。

图 3-2 湖北天门的蓝印花布枕巾局部图

图 3-3 湖北天门的蓝印花"五福捧寿"门帘(局部)

3. 动物纹样题材

湖北地区的传统动物纹样，受历史文化的影响深厚，楚文化对"凤纹"的崇拜影响着湖北蓝印花布中的"凤纹"。"凤纹"本是传说中的祥瑞的艺术形象，它综合了多种鸟类的造型特征，在民间人们常常把它作为纯洁、幸福和爱情的象征。图3-4中的"凤纹"为湖北鄂州蓝印花布蚊帐布中提取的"凤"元素。凤凰的整体形象分明，风格质朴生动，在线条上注重大色块的把握，简洁抽象。注重对凤凰尾部和翅膀的表现，弯曲的尾部线条轻盈流畅，展开的羽翼轻盈律动，把凤凰飞翔的动态表现得活灵活现。

4. 植物纹样题材

湖北蓝印花布传统植物纹样的应用非常多，植物纹样与其他不同形式的传统纹样相互组合，形成新的具有吉祥观念的纹样。湖北蓝印花布传统花卉纹样主要有"牡丹纹""梅花纹""莲花纹""菊花纹""兰花纹""桃花纹""海棠纹"等；果实纹样包括"石榴纹""桃子纹""葡萄纹""葫芦纹"等；藤蔓纹样主要有"卷草纹""缠枝纹"等。

湖北蓝印花中传统的花卉纹样经常有富贵吉祥的牡丹纹样。这些牡丹纹样相比写实牡丹，不再仅仅是利用层层叠叠的花瓣来表现牡丹饱满的形态特征，而是通过对牡丹去其繁枝和细节，简明概括地强调牡丹鲜明的体态。如图3-5所示，湖北鄂州的凤戏牡丹纹样，盛开的牡丹花形态饱满，艺术家去掉花瓣烦琐的细节，用简单的线条描绘出花卉的体积感，再与祥瑞的"凤纹"搭配，疏密得当，简洁明快，在表现极强的装饰韵味的同时，还象征了家庭的美满，婚姻的幸福。

图3-4　湖北鄂州蚊帐布凤纹（局部）　　图3-5　湖北鄂州凤戏牡丹纹样

梅花是武汉市的市花，湖北人把梅花与人格作比拟，表现高洁、坚强，梅花的五片花瓣也有"五福吉祥"的象征意义。湖北蓝印花中"梅花纹"的运用广泛，但是它们大多不是单独存在的纹样，而是与其他纹饰进行搭配，形成寓意吉祥的传统纹样。如图3-6所示，湖北大冶的"喜鹊登梅"蓝印花被套局部纹样，梅花是春天的使者，喜鹊是好运的象征，这幅"喜鹊登梅"的被套寓意吉祥、喜庆、好运的到来。

5. 器物纹样题材

湖北蓝印花布传统器物纹样主要出现在包袱布和门帘上。包袱布中最具代表性的器物纹样是"暗八仙","暗八仙"指的是八位仙人各自所持的法器,"暗八仙"纹样代表着吉祥和好运;在湖北蓝印花布的门帘上,经常能看到另一种传统器物纹样——"瓶"。"瓶"是中国传统的民间吉祥物,他与"平"同音,所以有着"平安"的意思。门帘经常将盛开的牡丹花、菊花与花瓶搭配。牡丹是富贵的象征,盛开的牡丹在花瓶里绽放,寓意富贵平安;菊花生命力顽强,不畏严寒,花瓶里放上菊花的造型,寓意平安长寿。如图3-7所示,湖北天门"富贵平安"门帘,画面中凤凰戏牡丹,花朵芬芳幽香引来了蝴蝶,盛开的牡丹花生长在花瓶中,一派生机勃勃,象征着吉祥、平安、富贵、繁荣。

图3-6　湖北大冶"喜鹊登梅"被套(局部)

图3-7　湖北天门蓝印花门帘

湖北蓝印花布传统纹样的表现题材丰富,绝大多数的湖北蓝印花布传统纹样都会运用至少两种或是更多的传统元素进行组合,从而形成的综合性题材的传统纹样。湖北蓝印花布中的传统纹样一般以传统植物纹样和传统动物纹样为主,以几何纹样、器物纹样作为辅助纹样,用不同的手法让它们相互协调搭配,形成新的装饰效果极强、整体效果和谐的传统纹样。

三、江苏南通蓝印花布

南通旧时称为通州,是全国重要的棉纺基地之一,所制蓝印花布有"衣被天下"美誉,形成"乡乡都有染布坊、村村都有染布匠"的繁盛局面,蓝印花布的图案大多是"吉祥图案",一般取材是由动植物和花鸟组合成的吉祥纹样,如五"蝠"捧寿、吉庆有"鱼"、龙凤呈祥、"鹿鹤"同春、狮子滚绣球、鲤鱼跳龙门等,也有一些民间故事戏剧人物,如"福禄寿"民间吉神。在江苏民间,蓝印花布曾广泛应用于百姓生活,从初生婴儿襁褓布到牙牙学语时用的"五毒"肚兜,上学盖的"状元及第""三子夺魁"被面,到结婚喜庆时用的"麒麟送子""和合二仙""狮子滚绣球"包袱布,有图必有意、有意必吉祥的纹样表达了百姓对美好生活的追求和向往。

南通蓝印花布的传统纹样反映了古代江南地区人民的人生观与世界观,是传统民俗的写照。从纹样图案的具体内容上可分为多子多孙、富贵吉祥、神话传说三大类型。从传统文化来说是儒、释、道三教相互融合、发展的结果。多子多孙:麒麟送子、莲生贵子、榴开百子等。富贵吉祥:年年有余、松鹤延年、凤戏牡丹、凤穿牡丹、梅兰竹菊、狮子滚绣球、福在眼前、福寿双全、五福捧寿、平安富贵、喜鹊登梅、马上封侯、状元及第等。神话传说:鲤鱼跃龙门、和合二仙、刘海戏金蟾、麻姑献寿、八仙庆寿、八仙过海等。

如图 3-8 所示,被面纹样用"百师"寓意"百事",以花朵寓意吉祥如意,采用四方连续手法把狮子戏球场面表现得连绵不断,在狮子的造型上以尾巴的动势和神态加以统一,增加其灵巧顽皮的特性,使得画面产生一种潇洒自然、轻松活泼的美感。狮子被人们视为辟邪的祥瑞,绣球在古代视为吉祥喜庆之物,狮子欢快地舞动绣球烘托的是热闹喜庆的场面,一般用于重大诞生、婚庆、祝寿等大型活动时亲朋好友赠礼。

图 3-8 被面散花

纹样图案中双凤呈祥,福在眼前,蝙蝠、寿桃象征福寿双全,四周梅、兰、竹、菊四君子寓意四季如春。见图 3-9。

图 3-9 包袱"福在眼前 五福捧寿"

在民间，家用蓝印花被面都是先印制，再手工拼接。如图 3-10 所示，被面由中间版重复印刷三次后缝制而成。画面中以蝴蝶、花篮为主要纹样，伴随双狮滚球，寓意事事如意，纹底用小型梅、兰、竹、菊衬托，象征四季平安。

榴开百子纹样，石多子，象征多生贵子的愿望，百子也象征繁荣昌盛，"石"与"世"谐音，引申为世代繁衍、兴旺。民间儿女婚宴大事时父母选用服饰面料都考虑用石榴纹样。"麒麟送子""和合二仙"的被面在南通民间流传极广，表现家庭和和气气，美满幸福，在人物周边巧妙穿插梅、兰、竹、菊，寓意多子多福、四季平安。见图 3-11。

图 3-10 被面"花篮锦地"

图 3-11 被面"麒麟送子""和合二仙"

"寿比南山不老松"是常用的祝词，古人常用"鹤寿""鹤龄"称颂长寿的人，"松"与"鹤"结合，均为长寿之物，表长寿之意。"鹤鹿同春"鹿取"六"之意，"鹤"取"合"之谐音，"六合同春"象征天地万物长青，春光明媚，万物欣欣向荣，人间福禄寿长久。民间长辈年老，子女送该寓意纹样的被面、包袱布，以祝愿父母身体健康长寿、万事如意。见图 3-12。

图 3-12 包袱布"鹤鹿同春"

民间"八仙贺寿"象征吉祥如意、万事顺利、长生不老、逢凶化吉,仙人所持法器又称"道家八宝"。见图3-13。

图3-13　被面"八仙祝寿"

第二节　蓝染表现

随着人们审美的提升,无论是时装还是家装,个性化成了时下人们追求的热点之一。国内外小众品牌和原创设计的不断涌现,植物染色的着装也会成为未来的趋势之一,它既能优雅、质朴、回归本源;亦可通过设计使它年轻、时尚、活力无限。

我国也开始涌现不同的蓝染风格。典型代表有"市井蓝染IndigoHood",尝试以手工植物蓝染及草木染为核心工艺,通过服装去表达材质与颜色的质感,用植物的颜色去表达对生活的态度,用这门古老技艺去展现现代的审美,并想与更多人分享植物染色之美。它以蓝色染布为主,通过传统的手工技术创造出市井风味的衣服,以潜身山林打磨创作,设计出有手感、有温度的衣服。"蓝靛是一种浓缩在思考里的染料,是弥散在时光隧道中的,也是一种讲述着怀旧的语言。"热爱蓝染不只是因为传统文化,更是因为天然染色本身所呈现的颜色,是合成不出来的,它变化的过程,也是任何色卡都无法表达的。见图3-14。

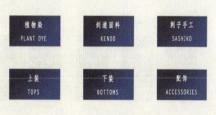

图3-14　市井蓝染产品分类

除了全程的手工植物染，市井蓝染的面料从准备纱线到定织，经过定型、水洗，再到裁剪、缝制，染色完成后再水洗及后道处理，基本历时都在三个月以上。这种理念在市井蓝染的作品中也有所体现，短袖材料采用澳棉来定织及制作，除了保持原有的克重之外，透气性和触肤感也更为舒适，经由板蓝发酵18次之后进行手工古法染制，12次的纯净手工染制，每一件都不尽相同。

厚外套采用Sashiko剑道面料，再经过18次全手工植物染色，款式上以改良后的中式唐装与法式工装结合，门襟5颗九头大盘扣点缀，饱满且富有质感。合身裁剪，袖口处蓝染面料拼接，穿久后与剑道面料的色落产生不同的色泽，更富有层次感。8分袖棒球衫除了有招牌式的古法蓝染之外，多种植物染面料拼接以及手工刺子的补强都增加了穿搭的趣味性，在植物蓝染布之上加入了补丁拼接等现代潮流的元素，瞬间就让其变得复古又街头，且具有特色的市井风味。见图3-15。

图 3-15　市井蓝染服饰

我国另外一个典型蓝染代表就是植染时蓝，它的蓝染文化是在时空的当下感受蓝，感受自然之色，专注于"染"的本身，坚持环保，相信技术的力量，将古老的植物染色与现代生活相融合，创造出实用且美的作品，继承传统，富于创新，让植物染色发挥无限可能。植染时蓝最初努力寻找的是不褪色的方法，以植物靛蓝古法手工多层次浸染，细分了蓝染十二色名谱，染出了6个相对稳定的颜色：晴穹、山影、靛青、幽夜、鸦青、如墨，见图3-16。

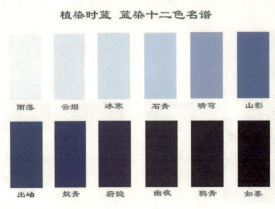 

图 3-16　蓝染十二色名谱

例如植染时蓝的中式茶染拼布茶席手工植物染厚麻桌旗,两边茶染,中间蓝染,简单的拼布,让茶染和靛蓝融合在一起,像土地遇到了天空。从前人们拼布是为了节省,补补缝缝可以让衣服穿得久一点,其间,慢慢生出来美感,不同的颜色,不同的材质,就多出一些可能,简单而又别致。

国外尤其日本蓝染具有代表性,受到很多蓝染爱好者的喜爱,例如日本蓝染风格代表性的品牌有 Kapital、visvim 等,Kapital 起源于 1984 年日本仓敷市儿岛名为"Capital"的一家丹宁工厂,它以美式复古文化和民族风格而著名,每一季系列都融合了美式传统古着文化与日本的改良主义设计,并结合当地的纺织和染色技术,深受世界各地丹宁爱好者的欢迎。它的三个主要特点是:

第一点是融合个性化美国经历与日本传统技艺的复刻。见图 3-17。

2016年LookBook主题Bad Opera

2019年主题Bob Marley talking blues

2020年主题Flare Star

图 3-17　Kapital 设计主题

第二点是自信大胆的表达。自信的表达这也是 Kapital 的产品最打动人的地方。通过作品看到张扬与夸张的设计,也能感受匠人技艺的沉淀。

第三点就是创造 Kapital 自身风格。丹宁设计已经成为品牌发展的重要标识,对于风格的塑造更加透彻且彻底,并且推出了很多代表性的作品,但凭借对于风格的强调,加之剪裁、制作等保障,依旧是不可或缺的蓝染经典。见图 3-18、图 3-19。

图 3-18　Kapital 纹样与服饰

图 3-19　Kapital 2016 年新季 Savannah BORO Ring Coat

第三节　蓝染文化

我国蓝草的记载最早可见于先秦文献《大戴礼记·夏小正》："五月，启灌蓼蓝。"说明在夏代我国就开始种植蓝草，在每年的农历五月，蓼蓝发棵，趁此时分棵栽种。周代以后的文献就非常多了，《诗经·小雅·采绿》："终朝采蓝，不盈一襜。"《尔雅·释草》："葳，马蓝。（晋）郭璞注：'今大叶冬蓝也。'"说明将马蓝收入蓝草的品种。《齐民要术·种蓝》第五十三引崔实曰："榆荚落时可种蓝，五月可刈蓝，六月可种冬蓝（冬蓝，木蓝也），八月用染色。"秦汉之前靛蓝应用相当普遍，据《长沙马王堆一号西汉墓出土丝织品的研究》一书介绍，1972 年，长沙马王堆西汉墓出土的丝织品中有深浅不同的蓝色织物，经鉴定证明，属于靛蓝染色制品，说明靛蓝染色技术工艺在汉朝就已经相当成熟了。

唐代苏敬的《新修本草》列出"蓝实有三种"，分别是木蓝、菘蓝和蓼蓝；宋代苏颂的《本草图经》列出"按蓝有数种"，木蓝、菘蓝、蓼蓝、马蓝和吴蓝五种；明代医学家李时珍曾有言"凡蓝五种"，明代宋应星在《天工开物》中指出"蓝凡五种，皆可为靛"，这五种蓝分别是茶蓝、蓼蓝、马蓝、吴蓝和苋蓝。

一、中国传统蓝靛染植物

中国目前比较容易见到的蓝染植物实际只有 4 种，如图 3-20 所示，现分列如下：

蓼蓝，蓼科蓼属。蓼蓝生命力旺盛、适应性强，从温带到亚热带广有分布。蓼蓝人工驯化的历史很长，一般说来，它也是中国最早被记录的蓝染植物，《诗经》中反复咏叹的"蓝"据信所指便是蓼蓝。蓼蓝在中国很多地区都曾是最重要的蓝色染料来源，其种植和利用在深受中国文化影响的古代日本和韩国曾经也很流行。不过随着菘蓝和板蓝的栽培在南北各地的推广，蓼蓝在中国的种植面积逐渐萎缩，倒是两个邻国还有一定面积的规模性种植。

菘蓝，十字花科菘蓝属。菘蓝外形类似白菜和油菜。它目前更为人熟知的身份是药物，常用中药材大青叶和板蓝根分别是菘蓝的叶片和根茎。北方地区目前种植仍多，但主要用于制药。菘蓝比较适合温带地区种植，它生长期短，生产效率高，所以能在全国大面积推广。菘蓝同时也是欧洲传统上最主要的蓝染植物。

图 3-20　蓝染植物

木蓝，豆科木蓝属。木蓝是一种开粉紫色花朵的小灌木，因为枝干呈木质化，所以以木蓝名之。因为花、叶和果实都跟同属豆科的槐树有类似之处，又称槐蓝。很多专业书籍都认为木蓝只生长于热带地区，根据刘道广先生的调查，江西也曾大规模种植。我国台湾地区也曾引种木蓝，制成蓝靛后出口大陆。黎族人民过去经常采集野生木蓝为棉织物上色，当地民间一般称之为假蓝靛。但目前看来，除海南外，用木蓝制靛在中国其他地区似乎都不常见。

板蓝，爵床科板蓝属。板蓝性喜潮湿，多生于亚热带地区的林边地带，主要分布在印度东部、东南亚、中国西南到东南的热带和亚热带地区。我国台湾植物学界和传统工艺研究者至今习惯将其称为山蓝。在中国大陆，很多介绍传统蓝染植物的论文中都会提到爵床科的马蓝，但是按照最权威的《中国植物志》的记载，只有板蓝属的板蓝才含有靛蓝成分，它和马蓝虽然有很近的亲缘关系，但仍然分属于两个不同的属。目前绝大多数介绍蓝染植物的论文和书籍仍把板蓝记作马蓝，这可算是相关研究中广泛存在的问题。

学者张海超、张轩萌在研究中指出，《本草纲目》中的菘蓝、板蓝、大叶冬蓝所指的都是现在的菘蓝，而《天工开物》中的菘蓝指的却是现在的板蓝，两本经典文献把现在称为菘蓝的植物都记作马蓝。虽然很多文献都记载蓝草有 5 种，但蓝染植物沿用至今的只有蓼蓝、木蓝、菘蓝、板蓝 4 种。木蓝是一种叶子"如槐"的小灌木。蓼蓝同样特征明显，但或许是上古的文献传统影响太过深远，如今学者最常犯的错误是将所有的蓝草不作辨别地归为蓼蓝。菘蓝的特点是"叶如苦荬"或"叶如白菘"。这三种作物一般都用种子繁殖，用扦插法繁殖的蓝草只有板蓝一种。植物本身的组织结构及有效成分的差异决定了不同种类的蓝草要采用不同的加工方法，菘蓝所需浸泡时间最短，板蓝枝叶内丰富的汁液也很容易析出，在国际上一般认为是最优秀的蓝染植物，木蓝浸泡、打靛的时间则要相应延长。以上三种植物的使用如今在中国也仍能找到痕迹。至于种植和利用历史最为久远的蓼蓝，除了南通等地偶有栽培外，目前已经很难在民间见到。

二、传统蓝靛染工序与制作

1. 打蓝与建缸

民间有"三百六十行，无祖不立"的说法。重庆梁平旧有梅葛庙，内祀染布缸神。图 3-21 中左为葛洪，右为梅福，二仙并坐，下有工匠作染布劳动之景，是染布业、颜料业的"祖师爷"，每年农历四月十四和九月九日为祭祀日。

图 3-21 "梅葛二仙"版画

染坊的技术关键就是调配染料，染料配比的好坏直接关系到色牢度的稳定。民间大量使用蓝靛染料，而土靛在染坊中被认为是最不好掌握的，它的配比需要根据天气温度、湿度及时调整，如果把握不好，染色后的布料在清洗时浮色会很严重，色牢度也差，所以每年的农历九月初九，染坊都要杀鸡、羊等来拜祭祖师爷，开缸时还要祭拜"梅葛二仙"，以求得缸水调和。

历史上有关打蓝与建缸的文字记载见于著名学者贾思勰在其所著的《齐民要术》中，第一次用文字记载了用蓝草制取靛蓝的方法："刈蓝倒竖于坑中，下水，以木石镇压，令没。热时一宿、冷时再宿，漉去荄，内汁于瓮中。率十石瓮，着石灰一斗五升，急抨之，一食顷止。澄清，泻去水。别作小坑，贮蓝淀著坑中。候如强粥，还出瓮中盛之，蓝淀成矣"。

明代《天工开物》中记录的制靛方法是："凡造淀叶与茎多者入窖，少者入桶与缸，水浸七日，其汁自来。每水浆壹石，下石灰五升，搅冲数十下。淀信即结，水性定时，淀沉于底。"

① 打蓝。首先采集板蓝植物放到蓝靛池浸泡 5～8 天，然后排出废渣，按一定比例配备石灰溶于池内，不断打击搅拌，直到池里的水变成天蓝色，沉淀数日，将废水排出，池底凝结成蓝色蓝靛固体才可。

② 建缸。蓝靛、山泉水、草木灰、米酒、麦芽糖，这是古法染缸必备的几个材料。

蓝靛并不能直接染色，必须建缸发酵，将靛青转化为靛白才能使织物着色。蓝靛发酵要有合适的温度与 pH 值，通过足够的时间发酵，染缸才能工作。只要养护得当，染缸可以百年不坏，且越老越好。

传统缸有以下特点：

a. 液体表面有金属光泽的表皮膜；

b. 表面浮有蓝紫色泡沫；

c. 搅动后液体呈黄绿色。

③ 养缸。养缸的关键在于每天都要搅动 1～2 次，一次搅动时间在 1～3 分钟，搅拌均匀，尤其是将底泥搅起来，但不能搅入空气。每隔一段时间，还要清理杂质，清洁染液。

2. 工序与制作

蓝染步骤如图 3-22 所示。

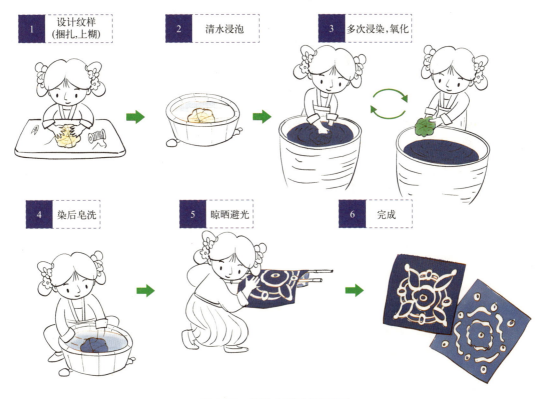

图 3-22　蓝染步骤（周玉媛）

（1）素地蓝染（青布）　利用浓度不同的染液将白布反复浸染，呈现可深可浅的素染。白布先泡水后挤干→浸入染缸后再拿出在空气中氧化→重复以上步骤数十次，直至染液被纤维充分吸附，达到想要的色阶。

（2）缝扎蓝染（绞缬）　将布用针线或缝或绑扎呈现所需之纹路。

染色步骤：缝扎或绞缬防染→入染缸重复浸染→拆除绑线→完成。

（3）版夹蓝染（夹缬）　将白布反复对折，夹于两片形状（或图案）相同的木板后浸染，形成的造型或图案对称。

染色步骤：反复折布→绑夹具防染→重复浸染→拆除夹具→完成。

（4）画蜡防染（蜡缬）　以蜂蜡、木蜡、石蜡加热作为防染液，用笔或其他工具在布上描绘防染。

染色步骤：上蜡防染→反复浸染、吊染→热水除蜡→完成。

（5）型糊蓝染（灰缬）　以镂空图案型版，将黄豆糊或糯米糊刮上防染，又称蓝印花。

染色步骤有以下4步：

① 设计并雕刻型版。设计并绘制纹样，制作裱版、替版，上桐油后置于阴凉处风干，完成成品版制作。

② 调制糊料。印花糊料是由黄豆粉和精石灰按照3∶7的比例调和而成。

③ 刮糊防染。印花也叫刮浆，将型版覆于布上，在镂空部分刮上糊料防染。刮浆之前将坯布均匀润湿，刮浆时均匀用力，印好的样品静置三十分钟，然后用清水完全浸透样品。

④ 反复浸染、吊染去除糊料。将染制品放置于调好色调的染缸之中，旧时下缸之前师傅要看缸，观察染料配置妥当没有，没有调好之前不允许下缸的。浸染的是由土靛配置而成的植物染料，浸染的时间视具体季节和温度情况而定，一般浸染时间略长为好，染布的次数为6～8次，每染一次须放置于染桶上氧化一段时间，整个浸染过程需3～4个小时，最后一次浸染后须放置于空气中氧化固色。

在退浆漂洗过程中要注意，俗称"吃头酸"的布染制好后，置于染缸上沥干，晒干后染色布需用3%～5%的酸性酸水浸泡半小时固色；"吃头酸"后，将染色布随意堆起并敲打后用刮灰刀刮去灰浆；"吃二酸"后刮灰只去除布料表面石灰，吃进布里面的石灰要再用酸中和去除；布经刮灰后清洗2～3次，用于去除残留表面的灰浆及浮色，再用工具挑高晾晒，待晒干后将布压制平整，即完成所有工序。

第四章

陶艺之美

思政目标

1. 引导学生了解陶艺的历史和中国陶瓷的发展史,认识陶艺的优秀作品、技法、材料和艺术特色,让学生掌握传统工艺美术的精髓和了解中国陶瓷艺术的巨大影响,进而达到继承与弘扬民族传统工艺的目的,增强传统文化认同感。

2. 引导学生明确传统文化自信在当代中国发展中的重要意义。

二维码4

第一节　陶艺审美

在进入陶艺世界之始,我们需要从多维度了解陶艺,感知陶艺的器物之美,从欣赏开始,在过程中形成自身的强烈认同感,激发深层的探究欲望,开启陶艺美学之路。

陶艺,这一古老而又充满活力的艺术形式,是陶瓷艺术的简称。根据其风格和特点分为传统陶艺和现代陶艺两大类。这两大类陶艺虽然有着不同的表现形式和创作理念,但都在各自的时代背景下展现了其独特的魅力。传统陶艺,作为人类文明的瑰宝,它承载着深厚的历史底蕴和传统文化。传统陶艺的创作往往受到实用功能的制约,需要满足人们日常生活的需求。这使得传统陶艺在设计和造型上更加注重其实用性和经济性,追求美观与实用的完美结合。传统陶艺逐渐形成了符合大众审美和表现形式的艺术形态。它不仅承载着传统文化的精髓,也反映了当时社会的风俗习惯和审美观念。然而,人们对陶艺的需求和审美观念在不断变化。为了适应这种变化,现代陶艺应运而生。现代陶艺更加注重个性表达和创新,不再受实用性和工艺性的限制。艺术家们可以更加自由地发挥自己的想象力和创造力。现代陶艺的创作手法和表现形式也更加多样化,有抽象、具象、装置艺术等多种形式。

现代陶艺,是一位具有明确艺术追求、独树一帜的"艺术家"。它以陶泥为画布,以双手为画笔,勇敢地踏上了实验性艺术探索的征程。在审美与工艺上,它与传统陶瓷艺术截然不同,展现出独特的现代韵味。在材料的甄选上,现代陶艺对陶泥的质地和个性情有独钟,追求那份独一无二的触感与视觉盛宴。在制作工艺上，它巧妙地将材料的缺陷和肌理转化为艺术创作的瑰宝，赋予作品独特的生命力。在装饰上，它追求肌理的随机性，刻意保留手工制作的痕迹，让每件作品都如同指纹般独一无二。在造型的塑造上，现代陶艺不拘泥于规整与有序，而是肆意挥洒想象力，以有意识的变形和透空等形态空间为创作舞台。它的作品充满了表现力和创造力，为观者带来了前所未有的视觉盛宴。这种自由、创新的艺术形式，使陶艺成为一种理想的自我表达和创造的载体，让人们在其中找到了无限的可能与惊喜。通过创新的思维方式、多元化的审美观念、独特的表现语言以及鲜明个人风格的融合，现代陶艺成功地将陶艺引领至纯艺术的殿堂。

器物之美不仅仅是表面上的华丽或精致，更是对那永恒本质的一种追求和体现。器物，不仅仅是物质的载体，更是心灵的映射。器物之道，就是生活的艺术，它们不仅承载着实用价值，更在无言中传递着一种生活的智慧与哲理，是对于美好生活的独特诠释。我们将陶艺美概括为：陶艺的造型之美、釉色之美、材料之美。

一、陶艺的造型之美

陶艺的造型之美体现在线条的流畅与优雅、形态的多样与统一、空间感的营造以及创新意识的体现等多个方面。这些元素共同构成了陶艺品独特的艺术魅力，使人们在欣赏和使用过程中得到美的享受。例如，帕特里克·约翰斯顿，这位在美国加州独树一帜的陶艺巨匠，他所精心制作的陶罐系列被命名为 *Hugged & Loved*（图4-1），仿佛每一个陶罐都承载着被深情拥抱、被无尽爱怜的温柔记忆。他用双手和泥土讲述着一个个动人的故事。他的陶罐不仅让人们领略到了陶艺的无穷魅力，更让人们在繁忙的生活中找到了触动心灵的那一刻，重新发现了艺术与生活的紧密联系和无限可能。

现代陶艺，就像一股清新的风，正在挑战着传统的束缚，颠覆着常规的认知。它不再被传统的实用性所限制，而是追求着全新的表达方式和审美体验。这并不意味着现代陶艺与功能性和实用性背道而驰，相反，它通过独特的艺术手法，使作品既具有审美价值，又兼具实用功能。张琪的陶艺作品《时间与平衡》（图4-2）正是这一艺术形式的完美代表。

图 4-1　帕特里克·约翰斯顿作品 *Hugged and Loved number* 43　　图 4-2　张琪作品《时间与平衡》

他巧妙地运用青陶、紫砂和瓷等材料原件，通过重新组合和平衡造型，将时间与平衡这两个抽象概念生动地展现出来。作品中的物与物之间达到了微妙的平衡，让人一眼就能感受到艺术家所传达的观念。在张琪的创作中，时间被描绘为一个不断流逝的过程，而平衡则是一种永恒的状态。他通过作品表达出：在每个事物的发展过程中，平衡的状态是必不可少的。这种平衡不仅仅是物理意义上的平衡，更是一种内在的和谐与稳定。

二、陶艺的釉色之美

陶艺釉色之美体现在色彩与色调、光泽度与质感、肌理与层次感以及意境与情感表达等多个方面。陶艺的釉色，宛如陶瓷的华丽衣裳，洁白如玉，晶莹剔透，与五彩斑斓的层次交相辉映。釉，不仅是陶瓷胎体的装饰和保护，更是赋予了陶瓷独特的机械强度和绝缘性能，使其更为坚固耐用。历史上，人们对釉的重视程度甚至超过了胎体，这足以彰显其在陶瓷艺术中的重要地位。中国的陶瓷釉色千变万化，丰富多彩。从青花、粉彩、珐琅彩、晶彩、结晶釉、斗彩、古彩、墨彩、水点桃花、釉里红，到料器珐琅、白釉、黑釉、钧釉、青白釉、白釉黑彩、乳白、金属釉等，每一种都独具特色。从烧成工艺上，又可以分为釉上彩和釉下彩两类。釉上彩是指在已经烧制好的素器上进行彩绘，再经低温烘烧而成。而釉下彩则是在未烧制的生坯上绘制图案，然后施以透明釉，再经高温烧制而成。青花釉下彩便是釉下彩品种之一，它以氧化钴为色剂，在坯胎上绘制出各种图案，再罩以透明釉，经高温烧制而成。以青花瓷为例，"天青色等烟雨，而我在等你"描述的是汝窑青花瓷天青色形成的条件。天青色是无法自己形成的，古人无法改变湿度，所以在青瓷出炉的那一瞬间必须是烟雨天，釉色才会渐变成梦幻般的天青色。因此雨过天晴的瓷器极为珍稀。此话据传语出宋徽宗，因当时的汝窑专供宋皇室使用，而窑官将汝窑瓷烧制完成后，请示宋徽宗为其色定名时，徽宗御批："雨过天青云破处，这般颜色做将来。"此后，天青色即为汝窑瓷钦定的颜色名。另外，其他窑口也有类似的釉色命名方式。例如，建窑的"建红""建黄"等以地域命名的釉色，钧窑的"钧红""钧紫"等以颜色命名的釉色，以及磁州窑的"磁白""磁青"等以产地名和颜色结合的釉色命名方式。这些命名方式都与窑口的特色和烧制工艺密切相关，同时也反映了人们对不同釉色的审美追求。

《大地诗集》是张琪于 2021 年倾心打造的陶艺系列，它以大自然的壮丽景色为灵感源泉，将山川河流、云雾缭绕的景致巧妙融入其中。在张琪的巧手之下，自然的颜色得以完美再现，仿佛引领观者踏入心中的自然胜境。他深信，陶艺不仅是生活的点缀，更是心灵的归宿。在纷繁的现代生活中，人们渴望寻觅一处宁静的角落，让心灵与大自然和谐共鸣，而《大地诗集》系列作品（图 4-3）正是这样一座通往自然与心灵共鸣的桥梁。每一件作品都凝聚着张琪对大自然的敬畏和对生活的热爱，让人在欣赏的同时，感受到大自然的壮美和心灵的宁静。手握这一杯景，仿佛能触摸到天地的脉动，这正是张琪陶艺作品的非凡魅力——以陶艺为纽带，将自然的绝美景致与心灵的深邃宁静，呈现给每一位热爱生活的鉴赏家。

三、陶艺的材料之美

陶艺的材料之美体现在自然质朴、可塑性与表现力、釉色与质感的丰富变化以及历史

图 4-3　张琪系列作品《大地诗集》

与文化的承载等多个方面。泥料，这看似平凡无奇的物质，在陶艺创作中却如同艺术家的灵魂伴侣，为其提供了无尽的创意空间。它的可塑性赋予了艺术家随心所欲的创造自由，让他们能够将自己的灵感和想象化为具体的形态，展现出丰富多彩的艺术世界。泥的质感、温度的变化，都在激发着艺术家的创作灵感。艺术家们在塑造陶艺作品的过程中，不仅仅是在展现自己的技艺，更是在将内心深处的感受、思考和对生活的理解融入泥土之中，使其焕发出独特的艺术魅力。同时，泥料的生坯强度和烧成收缩等特性，也在无形中引导着艺术家的创作过程。泥料的生坯强度和烧成收缩等特性，无形中引导着创作。它们要求艺术家注重细节、追求完美，以打造稳定、高质量的作品。随着科技的发展，新型泥料的出现为陶艺创作带来了更多的可能性。它们的不同特性、色彩和纹理，都在为艺术家提供着新的创作灵感。

现代陶艺展现出独特的艺术魅力，其创新精神摆脱了传统陶瓷审美的束缚，将焦点转向材料本体所蕴含的语言和表现力。这种转变不仅为艺术家们提供了更广阔的创作空间，也为观众带来全新的审美体验。英国陶艺家 Clare Conrad 的作品（图 4-4）不仅展示了现代陶艺对材料形态缺陷的巧妙转化，更展现了其对美与衰败、存在与消逝之间微妙平衡的深刻洞察。她以开放的心态接纳坯体变形、开裂、缩釉等偶然因素带来的缺陷，并巧妙地将它们转化为作品的美学元素。这种转化赋予了作品独特的形态和质感，使观众在欣赏过程中能够感受到作品所传达的深刻情感和意境。

她运用粗糙黏土塑造出薄而结实的器物，通过独特的技艺创造出表面崎岖不平、块体平衡的质感。这种质感与随机美感相结合，使作品散发出独特的魅力。同时，她从生活中汲取灵感,将脱落的墙皮、风化侵蚀的石壁、剥落的油漆等元素融入釉色之中,为作品增添了丰富的故事性和情感内涵。

图 4-4　英国陶艺家 Clare Conrad 作品

现代陶艺创作注重展现"泥性"的自然美,而陶瓷材料的"瑕疵"则被视为展现材料最本质、最自然状态的方式,呈现出一种自然天成的美感。一些艺术家独具慧眼,敏锐地捕捉到泥料自身形态的特点,通过作品展现出泥料本体语言的特质。例如,伊万·亨德森(Ewen Henderson)的作品 Stoneware Shallow Bowl(图 4-5)就受到黏土天然形态的启发,他巧妙地运用黏土的粗糙纹理和层叠色彩,呈现出岩石或大地的质感效果。这源于他对新石器时代和古代艺术的兴趣和探索。

换言之,现代陶艺重视展现"泥性"的原始之美,而陶瓷材料的"不完美"恰恰展现了其最真实、最自然的状态,从而散发出一种独特的自然美感。一些艺术家独具慧眼,能敏锐地发现泥料自身的特点,并通过作品展现出泥料所特有的语言特质。

枸杞岛被誉为"贻贝之乡",而《海上花》(图 4-6)是张琪于 2021 年的艺术创作。该作品的灵感源自枸杞岛贻贝的独特生长形态。在创作过程中,张琪巧妙地以贻贝的自然形态作为造型语言的基石,并通过陶瓷材料精确复制了贻贝的形态。他运用重复与密集的构图方式,构建出作品画面的空间感。这件作品的主体元素——贻贝,采用高温白瓷精心手工制作,而底板部分则结合了多种材料以塑造出丰富的肌理效果,整体色彩以蓝色为主,完美地呈现了海洋的质感。作品《海上花》无疑展现了作者张琪对自然与生命力的赞美。画面以平面与立体相结合的方式呈现,再借助陶瓷材料与灯光的巧妙配合,营造出一种唯美的氛围和音乐的旋律感。

陶瓷材料学,就如同神秘的魔法秘籍,为现代陶艺创作者提供了源源不断的灵感。在这广袤无垠的领域中,材料实验是艺术家们实现创作理念的独特舞台。他们与泥土、釉料、火候进行着一场又一场的对话,每一次尝试都是对未知的探索。

艺术家们通过精心挑选泥土的种类,尝试不同的含水量、颗粒度,甚至泥土的产地,来寻找最能表达他们心意的材质。在创作过程中,他们也会对泥土进行预处理,如揉捏、切割、拍打,使其呈现出独特的纹理和质感。

图 4-5　Ewen Henderson 的作品 *Stoneware Shallow Bowl*（1980）

图 4-6　张琪《海上花》（2021）

除了泥土，釉料也是实验的重点。从最初的单一色彩到如今的复色调、结晶釉等，艺术家们不断探索釉料的配比与烧成温度，以期达到理想的色彩与质感。他们甚至会尝试将不同的材料融入釉料中，如金粉、银粉、氧化物等，创造出独一无二的视觉效果。

在烧成环节，艺术家们更是严阵以待。他们需要根据泥土和釉料的特性，以及预期的艺术效果，精确控制烧成的温度和时间。每一次的烧成都是对技艺和耐心的考验，也是对最终作品效果的期待。

这些具体的材料实验不仅赋予了陶艺作品独特的形态与质感，更让艺术家们在与材料的对话中找到了自己的声音。正是这些不懈的探索与尝试，使得陶瓷材料学在现代陶艺创作中焕发出迷人的光彩。

第二节　陶艺表现

陶瓷是人类艺术史中最早出现的几种艺术形式之一，随着技术进步，它的功能逐渐从实用性向美学转变，最终发展成为一种集实用与欣赏于一体的工艺美术品。如今，陶瓷已经完全摆脱了实用的束缚，成为纯粹的欣赏品。

现代陶瓷艺术品有三大类，第一类是纯雕塑作品，第二类是画于平面瓷板上的瓷画作品，第三类是器物造型和釉彩绘画相结合的作品。

一、纯雕塑作品

现代陶艺是艺术家倾心塑造的艺术形式，他们以陶瓷材料为媒介，以个性化的手法展现现代人的内心世界。这种艺术形式不仅展现了现代人的理想、个性、情感和审美，更是对社会意识的深入挖掘和反思。每一件现代陶艺作品都是艺术家心灵深处的呐喊，它们用独特的语言和视觉效果，触动观众的心灵，引发人们对生活和社会的深思。

现代陶艺以自由创造和个性发挥为核心,它不仅突破了传统技术的束缚,更摒弃了传统的审美观念。虽然有些作品还保留着容器的形态,但其目的已不再是实用,而是追求艺术表达的自由与个性。这种艺术形式更加注重想象力和人文精神的体现,因此,现代陶艺成为艺术家个体面对心灵的艺术创作,具有从古老的陶瓷传统中独立出来,形成了独特的纯艺术特征。

出生于 1956 年的 Ann Van Hoey 是比利时备受赞誉的陶瓷艺术家。她以独特的折纸造型赋予了陶瓷艺术品新的生命和形式。这种创新的手法突破了传统陶艺的局限,将纸张的折叠艺术巧妙地应用于陶瓷创作中,呈现出别具一格的视觉效果。她的作品仿佛是折纸艺术的延续,作品中透露出对自然和简洁之美的追求。她善于运用简洁的线条和几何形状,以朴实的材质展现出大自然的韵味。此外,她巧妙地融合了现代设计和传统陶艺元素。她不拘泥于传统,勇于创新,将现代设计理念融入作品中,使作品既具有时尚感和现代感,又不失传统陶艺的精髓。这种独特的融合方式,让她的作品在传统与现代之间找到了完美的平衡点。她的作品展现出对对称、比例和平衡的极致追求。Ann Van Hoey 的作品以其独特的创意、对自然和简洁之美的追求、现代设计与传统陶艺的完美融合以及对美的极致追求而受到广泛赞誉(图 4-7)。

图 4-7　Ann Van Hoey 作品 Moments of Growth

苏献忠的《纸》(图 4-8)系列作品,不仅仅是对纸的形态的模仿,更是对纸的内在精神的深度挖掘。他试图通过陶瓷这一传统材料,表达出纸的纯净、空灵与等待书写的状态。将一层层瓷片精心堆叠起来,形成了一种薄如纸片的边缘。这种边缘的处理方式,不仅展现了他对陶瓷材料延展性的极致追求,更体现了他对艺术的深刻理解和感悟。在这个系列作品中,苏献忠以瓷代纸,将纸张的轻盈、柔韧与陶瓷的坚硬、光滑完美地结合在一起。这种结合方式,不仅是一种工艺上的创新,更是一种艺术上的突破。它让人们看到了陶瓷的可能性,也让人们看到了艺术的无限可能。这个系列作品的出现,也为中国陶瓷艺术的发展注入了新的活力。

图 4-8　苏献忠代表作《纸》系列

苏献忠的《仕女》（图 4-9）系列，绝非仅仅是对古代女性形象的简单再现，而是一次对女性内心世界与精神特质的深入挖掘。他所塑造的仕女，既非遥不可及的神仙，也非尘世中的凡人，而是介于两者之间的、具有鲜活生命的艺术存在。在创作过程中，苏献忠不仅关注古代女子的外貌和姿态，更致力于揣摩她们隐藏在华丽衣裳与繁复礼仪背后的真实情感与心境。他运用细腻至极的雕刻技巧，将女性特有的敏感、多情、孤独与柔弱一一呈现，使得每一个仕女形象都仿佛拥有了自己的灵魂和故事，不仅让人心生怜爱，更激发了人们对于美好事物的向往与追求。

图 4-9　苏献忠代表作《仕女》系列

二、画于平面瓷板上的瓷画作品

自 2009 年起，艺术家张琪便开始探索一个独特的陶艺系列——《星云》（图 4-10）。目前，这个系列已经包含了水星、火星、土星和金星等多个精彩作品。这些作品不仅展现了她对自然宇宙的无限遐想，还通过陶瓷这一媒介，将大家带入了一个充满奇幻与浪漫的新领域。在这里，器物造型与釉彩绘画完美结合，仿佛引领我们跨越时空，深入探索宇宙的奥秘。每一件"星系"作品都是张琪对自然与艺术的独特感悟，他用陶瓷的语言，为我们揭示了一个美丽而宏大的宇宙景象。

图 4-10　张琪作品《星云》

三、器物造型和釉彩绘画相结合的作品

"卷"的系列黑陶作品（图 4-11）是将瓷器、装置、行为、绘画和器物的组合试图以视觉化呈现，具有低调、神秘而高贵的仪式感。尝试将音乐与美术结合，通过陶瓷等综合材料这些可视的物化形象来体现艺术家对自然与艺术的感受，表达一种抽象的音乐韵律感，是张琪近十年来一直执着探索的艺术语言、表达形式和美学趣味。

(a)《扭曲》　　　　　(b)《压力罐1号》　　　　　(c)《大波浪》

图 4-11　张琪作品

艺术创作的关键在于个性与风格的展现，这一点在陶艺创作中尤为突出。作为艺术的一种表现形式，陶艺创作要求创作者充分展现自己的独特风格和情感。陶艺的造型、釉色以及烧成方法，都是创作者表达自我、传递情感的重要手段。这些元素共同构成了陶艺作品的艺术语言，使得每一件作品都成为物质与精神完美结合的产物。同时，陶艺也是连接古老传统与当代艺术的桥梁，它既承载着悠久的历史文化，又展现出时代的精神风貌。因此，陶艺创作是充满个性、风格与情感的表达，是创作者与材料、传统与现代相互碰撞、融合的产物。

第三节　陶艺文化

中国传统陶艺是极具东方艺术特色的，其独特的艺术表现并非一蹴而就，而是在漫长的历史进程中，经过无数陶艺匠人的巧思与锤炼，逐渐形成的。它不仅代表了中华民族的特性，更蕴藏了深厚的民族情感。陶艺的传承，实际上也是中华艺术、思想和情感的延续。这种传承不仅涉及技艺的传授，还涉及对民族文化内涵的传承和弘扬。在传承过程中，新的陶艺匠人不断汲取传统文化的养分，同时结合时代的需求和个人的创新，为传统陶艺注入新的生命力。这种传承和发展，使得中国传统陶艺在世界艺术舞台上始终保持其独特的魅力和价值。

中国作为陶瓷的故乡和国度，其文化源远流长。自文明诞生以来，五千年间，陶瓷文化与民族的兴衰、国家的命运紧密相连，伴随着华夏儿女从原始社会走向文明社会。陶瓷的内涵丰富，功能多样，影响广泛，渗透于生活的方方面面，不仅具有显著的民族特色，还承载着深厚的文化价值。了解陶瓷文化，对于理解中华民族的个性、心理和价值观有着不可忽

视的重要意义。

在中国古代历史的每一个阶段，陶瓷都占据着举足轻重的地位。然而，令人惋惜的是，每当一种陶瓷文化艺术风格盛行一段时期后，随着朝代的更迭，其独特魅力便逐渐消逝。尽管如此，陶瓷作为一种物质消费的形式，却能够在中国人的生活中不断复苏、生生不息，并深深融入民族的血脉之中。

陶瓷艺术堪称我国历史文化宝库中的璀璨明珠，既是美术演进的关键脉络，也揭开了造型艺术悠久历史的序幕。传统陶艺的造型灵感扎根于日常生活，它在注重实用性和功能性的同时，也追求着感性的表达和情感的流露。其风格质朴而不失严谨，大方得体而内敛含蓄，通过多样化的形体构造和丰富多彩的釉色装饰，呈现出千姿百态的艺术面貌。

陶艺作为一种文化，具有多重属性。一方面，它承载着文化性和功能性的特点；另一方面，其图饰往往具有象征意义和寓意。对于现代人来说，当面对陶瓷文物时，他们更多的是关注其文化属性。这是因为作为文物的古陶瓷已经脱离了实用功能。然而，在古代，陶瓷的烧制主要是为了满足人们的日常生活需求。人类最初创造陶器是为了满足烹饪和加热食物的需要，烧制陶质砖块则是为了建筑构造，制作陶瓷质地的塑像则是为了满足礼仪需求，尤其是作为冥器使用。随着时间的推移，壶、碗等器物的设计和风格不断改变，这主要是为了满足饮食的时尚和功能性需求。而通过改变釉彩、装饰和造型等元素，人们能够点缀生活环境，提高物质和精神文化生活品质。古陶瓷在满足实用功能的同时，也具有精神文化层面的内涵，这两者往往是难以截然分开的。

现代陶艺诞生于 20 世纪的现代艺术运动，它摆脱了实用功能的束缚，更加注重陶艺在新时代的本体语言运用。陶艺的造型与当代审美相融合，从而实现了丰富的思想内涵和全新的设计理念。20 世纪中期，西方艺术家如马蒂斯、毕加索、米罗等参与其中，他们为现代陶艺的发展注入了新的活力。尤其是彼得·沃克斯，他反对传统陶瓷的工艺性和匠气，主张抽象表现主义的即兴、自由发挥的创作方法，追求"创作性的偶发"所带来的效果，并强调不规则、不对称以及瑕疵、开裂等美学原则。这些理念为现代陶艺创作提供了重要的推动力，使陶瓷摆脱了实用功能和单纯的形式主义，进入了现代艺术创作的领域。现代陶艺成为艺术家实现内心情感与观念自由表达的重要途径，并形成了如装饰风格、抽象表现主义风格、象征表现主义风格、怪怖艺术风格等多种风格。

在 20 世纪 50 年代后期，毕加索开创性地将陶瓷与解构主义相结合，无疑对传统陶艺的形态和工艺进行了革新，为陶器带来了全新的创作元素，影响了后来的艺术家的创作方式。他创作了餐盘、花瓶、雕塑等一系列作品（图 4-12），这些作品形态各异、生动活泼，色彩丰富且充满变化，这种跨领域的创作方式为后来的艺术家提供了灵感和启示，使得现代陶艺呈现出更加多元化和开放的特点。

图 4-12　毕加索作品《画架前的杰奎琳》

第五章

茶艺之美

思政目标

1. 引导学生通过茶文化的茶、水、器、境与人的茶事关系，结合茶文化传递廉洁清明、遵章守纪的价值观，弘扬校园正风正气。
2. 引导学生弘扬茶文化、关注茶生活、创新茶科技，富有中国心、充满中国情，做有家国情怀的新时代茶人。

二维码 5

第一节　茶艺审美

在中国几千年的历史积淀中，茶已深深融入人们的生活中，成为一种文化符号和艺术表达的载体。茶，因人而添香；人，因茶而增色。茶艺作为中国茶文化的重要组成部分，是一种技能，一种文化，展现出其独特的艺术之美。

茶艺是有形的，包括了种茶、制茶、泡茶、敬茶、品茶等一系列茶事活动中的技巧和技艺，以及整个品茶过程的美好意境。人、茶、水、器、境、艺六大要素的加持，使得六美荟萃，相得益彰，营造品茗的完美境界。

一、人之美

1. 形体美

人之美是茶艺最根本的要素，茶艺师的美首先是指形体美，即五官端正、四肢匀称、身材适中、容貌秀丽、手指纤细。

2. 服饰美

茶艺服务或表演时，茶艺师需穿具有传统文化特色的服装，身上不宜戴过多的装饰品，不可涂抹带有浓郁香味的化妆品，不可戴手表，不可涂有颜色的指甲油等，否则会破坏茶艺的美感。

3. 发型美

茶艺师发型要与服装、年龄、气质相映，整体感觉比较和谐。

4. 语言美

茶艺师在茶事服务中，通常需介绍茶叶种类、产地、背景、茶叶特点等，此时语言要规范，吐字要清晰，用词要准确，声音柔和悦耳，声调抑扬顿挫，表达自然流畅，给品茗者以美的享受。

5. 仪态美

茶艺师的仪态美主要表现在礼仪周全、举止端庄、待人诚恳。在茶事活动中常用鞠躬礼、伸掌礼、叩手礼等。

鞠躬是中国的传统礼仪，即弯腰行礼。一般用在迎宾、送客或茶艺表演时。鞠躬礼有全礼与半礼之分。行全礼应两手在身体两侧自然下垂，弯腰90°。行半礼45°即可。

行伸掌礼时五指自然并拢，手心向上，左手或右手自然前伸。伸掌礼主要用于给客人奉茶、请客人帮助传递茶杯，一般应同时讲"请"或"谢谢"。

叩手礼即以手指轻轻叩击茶桌来行礼表示感谢，通过不同的手势来体现长幼尊卑：长辈向晚辈倒茶，晚辈五指并拢成拳，拳心向下敲击三下桌面；平辈之间的扣手礼，食指、中指并拢，轻敲桌面2~3下；晚辈向长辈倒茶，长辈用食指轻敲桌面一下或三下。见图5-1。

(a) 女茶艺师之美　　　　　　　　　　　(b) 男茶艺师之帅气

图 5-1　茶艺师

二、茶之美

中国是茶叶的故乡，也是世界上茶叶种类最多、最齐全的国家。按照茶叶的加工分为六大茶类，即绿茶、白茶、黄茶、青茶（乌龙茶）、红茶和黑茶。

1. 绿茶

绿茶是所有茶类中唯一的不发酵茶，也是最早出现的茶叶种类。绿茶的特点是"清汤绿叶"，即色泽绿润，内质香气高鲜，汤色绿明，滋味醇和而爽口，富有收敛性，叶底嫩绿明亮。

绿茶是我国最主要的茶叶种类，全年消费量是其他五类茶的总和的两倍以上，是我国产量最多的一类茶叶，我国绿茶目前占世界茶叶市场绿茶贸易量的 70% 左右。

"杀青"是绿茶的关键工序，对绿茶的品质起到决定性作用。杀青是通过高温，破坏鲜叶中酶的特性，制止多酚类物质氧化，以防止叶子红变；同时蒸发叶内的部分水分，使叶子变软，为揉捻造型创造条件。根据杀青和干燥工艺的不同，绿茶可以进一步分为：烘青绿茶、蒸青绿茶、炒青绿茶和晒青绿茶。

著名的绿茶品种有：西湖龙井、碧螺春、黄山毛峰、太平猴魁、六安瓜片、恩施玉露、信阳毛尖、都匀毛尖等。

2. 白茶

白茶属于轻发酵茶，发酵程度在 10% 左右。白茶是所有茶类中加工工艺步骤最简单的，仅有萎凋和烘干两个工序。白茶的特点是"绿妆素裹"，因成茶满披白毫，而得名白茶，芽头肥壮，汤色清淡，滋味鲜醇，叶底嫩匀。

"萎凋"是白茶的关键工序，采摘鲜叶用竹匾及时摊放，厚度均匀，不可翻动。摊青后，根据气候条件和鲜叶等级，灵活选用室内自然萎凋、复式萎凋或加温萎凋。在白茶萎凋过程中，由于长时间的萎凋引起内含生化成分的复杂变化，加之鲜叶原有的特点，从而形成满披白毫，色泽银白光润，具有清鲜毫香和清甜滋味。

白茶因茶树品种和原料要求的不同，分为白毫银针、白牡丹、寿眉、贡眉四种产品。

3. 黄茶

黄茶也属于轻发酵茶，但其发酵程度较白茶高，可以达到 30% 左右，是我国特有的茶叶种类。黄茶的品质特点是"黄汤黄叶"，滋味甘醇鲜爽，耐冲泡。

"闷黄"是黄茶的关键工序，是形成黄茶"黄汤黄叶"的关键。黄茶的加工工艺可以理解为在绿茶加工工艺的基础上增加一个闷黄工序。从杀青到干燥结束，任何一个环节加入闷黄工艺都可以为茶叶的黄变创造适当的湿热工艺条件，但作为一个制茶工序，有的茶在杀青后闷黄，有的则在毛火后闷黄，有的闷炒交替进行。针对不同茶叶品质，方法不一，但殊途同归，都是为了形成良好的黄色黄汤品质特征。

黄茶是一个比较小众的茶叶种类，生产地区也主要集中在湖南、安徽、贵州、浙江、广东等，其中以湖南岳阳的"君山银针"品质最佳，且最为出名，还有霍山黄芽、莫干黄芽、鹿苑黄茶、广东大叶青等。

4. 青茶（乌龙茶）

青茶，又称乌龙茶，属于半发酵茶，其发酵程度可以达到 50% 左右。乌龙茶种类繁多，是最具特色的茶类。乌龙茶的品质特点是"绿叶红镶边"，汤浓、韵明、微香，其香气浓郁，入口甘甜，既有红茶的色香优美，又有绿茶的爽快，刺激味感，但无绿茶苦味和红茶涩味。

"摇青"是乌龙茶的关键工序，是形成乌龙茶独特香味和绿叶镶红边特色的关键。乌龙茶的摇青过程中，通过机械运动力增强，叶梢组织的输导机能，协调茶汤呈味物质，具有内在效应；利用机械摩擦力造成叶细胞损伤，使茶多酚酶促氧化，诱发香气，具有外在效应；只有运动力与摩擦力二者协调配合，才能形成茶所特有的香高味醇品质。

乌龙茶有四大家族，主要产自福建、广东和台湾三省，主要分为闽北乌龙和闽南乌龙两个大类，其中闽北乌龙主要是武夷山岩茶，以大红袍最为出名；闽南乌龙则主要分布在福建泉州、广东潮汕和台湾南投三大地区，包括安溪铁观音、潮州凤凰单丛和台湾南投的冻顶乌龙等著名茶叶。

5. 红茶

红茶是全发酵茶，发酵程度超过90%。红茶是世界上消费量和交易量最大的茶叶种类。红茶的品质特点是"红汤红叶"，红茶在加工过程中发生以茶多酚酶促氧化为中心的化学反应，鲜叶成分变化较大，茶多酚减少90%以上，产生了茶黄素、茶红素等新成分和香气物质，具有红汤、红叶、香甜味醇的特征。

"发酵"是红茶的关键工序，是形成红茶色、香、味品质特征的关键。一般是将揉捻叶放在发酵筐或发酵车里，进入发酵室发酵。发酵要掌握满足茶多酚氧化酶的氧化聚合反应所需的适宜温度、湿度和氧气量。

红茶根据制作工艺的差别，可以分为小种红茶、红碎茶和工夫红茶三大类，目前工夫红茶是红茶的主要产品。著名的红茶有阿萨姆红茶、锡兰红茶、正山小种、祁门红茶、金骏眉、滇红、九曲红梅、宜红等。

6. 黑茶

黑茶属于后发酵茶，其发酵程度可以达到100%，因成品茶的外观呈黑色，故得名。产区为广西、四川、云南、湖北、湖南、陕西、安徽等地。

陈化是黑茶的关键工序，分为自然陈化和人工渥堆发酵两种。人工渥堆发酵一般选择较暗、洁净的地面，渥堆高度一般不超过一米，表面覆盖湿布或蓑衣等物。温湿度都很讲究，过干则需洒水，过湿则翻拌。当看到茶叶已经变得黄褐，闻起来青气也已经消除，散发出淡淡的酒糟香气的时候，渥堆就已经完成了。

黑茶因产区和工艺上的差别有湖南黑茶、湖北老青茶、藏茶和滇桂黑茶之分，其中以湖南安化黑茶、云南普洱茶、四川雅安藏茶、广西六堡茶最为出名。

三、水之美

"水为茶之母"，唐代陆羽在《茶经》中对宜茶用水做了明确规定。他说："其水用山水上、江水中、井水下。"张大复在《梅花草堂笔谈》中提出："茶性必发于水。八分之茶，遇十分之水，茶亦十分矣；八分之水，试十分之茶，茶只八分耳。"宋徽宗赵佶，他在《大观茶论》中写道："水以清、轻、甘、洌为美。轻甘乃水之自然，独为难得。"

古人素来讲究天人和谐，以天水泡茶，白居易在《晚起》中写道"融雪煎香茗"，《红楼梦》中不吝笔墨地描述用隔年雨水和多年梅花上的雪水泡茶之韵。

泡茶用水有软水和硬水之分，软水是指每升水中钙离子和镁离子的含量不到 10 毫克。软水中含其他溶质少，含盐量和硬度都很小，茶叶的有效成分溶解度高，茶味浓。用软水泡茶其汤色清明，香气高雅，滋味鲜爽，品质自然优越。

科学试验表明，水中矿物质对茶汤的品质影响很大。当铁的含量超标时，茶汤汤色发暗，甚至呈黑褐色；当铝超标时，茶汤味苦；当锰、铬、钙等超标时，茶汤苦涩味明显；当镁超标时，茶汤味变淡；当锌达到每升 0.3 毫克时，茶汤产生难以下咽的苦味，而铅、汞、砷等若超标，不仅影响茶汤品质，而且对人体会产生毒性。有鉴于此，我们提倡在茶事活动中选用信誉可靠的纯净水或矿泉水。

四、器之美

"器为茶之父"。我国自古以来无论是饮，还是食，都极看重器之美。常用的茶具有六大类：紫砂、瓷器、漆器、金属、玻璃、竹木。茶具材质对茶汤的香气、味道有重要影响。所以喝茶，选择对的器具很重要。

紫砂茶具气韵独特，紫砂是陶土的一种，又叫"紫砂矿"，雅称"富贵土"，紫砂为多孔性材质，气孔微细，具有透气和吐纳的特性。紫砂壶具有"泡茶不走味、贮茶不变色、盛暑不易馊"等特点，深受爱茶者的喜爱。

中国是茶的故乡，亦是瓷器的发源地，瓷器制品独有的淡泊清雅，提升了品茶情趣，是现代最流行的茶具类型之一。

绿茶选用玻璃杯，玻璃材质透亮，最能突出茶叶在水中舒展、绽放的姿态。冲泡时观赏效果极佳。

乌龙茶选用工夫茶具，乌龙茶有香高味远的特点，白瓷或陶制小壶，能更好地满足乌龙茶闻香、品味的乐趣。

红茶、花茶选用瓷壶，瓷壶可以很好地保存住香气。

老白茶、陈年普洱和黑茶选用煮水壶，既能快速享用到好茶的滋味，也是秋冬季暖身保健的好方法。

五、境之美

"境"作为美学范畴，最早见于唐代诗人王昌龄的《诗格》中说："处身于境，视境于心。莹然掌中，然后用思，了然境象，故得形似。"其后中国诗学一贯主张："一切景语皆情语，融情于景，寓景于情，情景交融，自有境界。"人们普遍认为："喝酒喝气氛，品茶品文化。"

品茶和作诗一样，特别强调情景交融，环境幽雅。茶艺的环境包括内部环境和外部环境。内部环境要注意植物的选择，可放置绿植等点缀，提升场景文化品位。外部环境多种多样，如山野的自然之美，都市的园林之美，农家的天然之美，寺院的幽寂之美等，另外，在树荫下、小溪旁、山野间等环境中品茶，也可给人美的享受。在品茶时，还可以通过琴棋书画等提升饮茶的品位，如茶艺表演时有古筝、古琴等伴奏，抑或边欣赏茶艺、边品茶、边下棋等，品茶之乐将变得更加丰富和愉悦。

六、艺之美

茶艺中的"艺",主要为茶艺表演的编排,表演者的动作、神韵以及服装等。首先,程序编排要有内涵美,适合茶性、茶道、有艺术品位。其次,茶艺表演的动作、神韵、服装等应符合自然、柔和、纯真之美。最后,茶席的设计,茶空间的营造,要与环境、季节、宾客等相适应,体现艺术之美。茶艺表演,是生活艺术的体现和升华,要体现出神韵美,首先茶艺表演动作规范、到位;其次做到细腻、熟练、连贯,力求传神达韵,生动优美。

第二节 茶艺表现

茶艺,萌芽于唐,发扬于宋,改革于明,极盛于清,有深厚的历史渊源。最初是僧侣用茶来集中自己的思想,唐代赵州从谂禅师曾经以"吃茶去"引导弟子参悟禅机,后来才成为分享茶的仪式,不同历史时期,茶艺表现形式独具特色。

一、古代茶艺

1. 生煮羹饮时期

"神农尝百草,日遇七十二毒,得茶而解之"记录了人类在寻找食物的过程中发现茶具有解渴提神、解毒和治疗疾病的功效,逐渐形成"生煮羹饮"的茶做羹饮的生活方式。

《晏子春秋》记载:"婴相齐景公时,食脱粟之饭。炙三弋五卵,茗(茶的别称)菜而已"。说明把茶叶当菜吃,已经具有 3000 多年的历史。自古就有"药食同源"之说,茶叶作为食物至今流传,如基诺族的凉拌茶、布朗族的酸茶等。

晋代杜育的《荈赋》记载"水则岷方之注,挹彼清流;器择陶简,出自东隅;沫沉华浮,焕如积雪,晔若春敷"。这表明从选水、选器、煮茶到品茶,上升到赏茶的茶艺美学,也预示着茶艺从物质层面提升到精神层面。

2. 唐代煮茶

唐代开始,逐渐盛行清饮。唐代流行饼茶,不宜直接煎饮,需要经过一定的工序。饮用时,先将饼茶放在火上烤炙,然后用茶碾将茶饼碾碎成粉末,再用筛子筛成细末,放到开水中去煮,茶汤中加入一点盐巴,清除茶汤中的苦涩味,三沸之后啜饮。唐代已经出现了专用的茶器具,并且提出了"越瓷青而茶色绿"的茶器美学主张。

3. 宋代点茶

宋代是我国茶文化发展巅峰时期之一,点茶是宋代主要流行的品饮方式。点茶法是将茶末放在茶碗里,注少量沸水成糊状,再注沸水,同时用茶筅搅动,茶末上浮,形成粥面,不再添加盐保持茶叶的真味了。据《茶录》等文献记载,点茶法的主要步骤有备器、洗茶、炙茶、碾茶、磨茶、罗茶、择水、取火、候汤、取盏、点茶、分茶等。

宋代盛行斗茶，就是茶艺比赛，通过点茶法使得茶艺更具观赏性和艺术性。斗茶还有两条具体的标准：一是斗色，茶汤鲜白者为胜；二是斗水痕，水痕少者为胜。由于宋代点茶及斗茶之风盛行，可以衬托出茶汤白色的黑色建盏成为最具有代表性的茶器。见图 5-2。

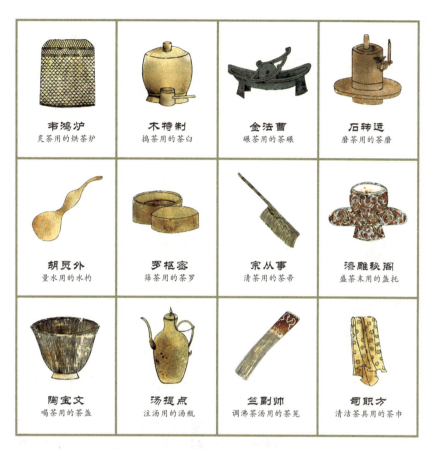

图 5-2　宋《茶具图赞》

4. 明清泡饮法

明代泡饮法是中国茶艺史变革的重要转折点，也是中国饮茶由繁变简的重要历史转折点。明代开国皇帝朱元璋体恤民苦，废除团茶而兴散茶，并逐渐形成了泡饮法。泡饮法是将茶叶直接放入茶壶或茶杯中，用开水直接冲泡即可饮用，这种方法不仅简便，而且保留了茶叶的清香味，受到各阶层爱茶人士的喜爱与推广，沿用至今。明末紫砂茶器的出现，更是茶叶品饮及器物历史上的重要进步。

二、现代茶艺

（一）生活茶艺

生活茶艺就是指日常"客来敬茶"的交友待客形式，轻松、愉悦和自由。在一些家庭会客、茶舍待友的时候，茶桌上的茶客参与度较高，赏茶、闻香、品茗都能够参与其中。因此，生活茶艺中的茶艺师一般都表现得比较轻松随意，待客和泡茶动作大方自然，服饰妆容上清新淡雅，不化浓妆、不喷香水、不涂指甲，对客人表示足够的尊重。生活茶艺适用于茶馆、茶舍、家庭、企事业单位、高级会所等多种场合，应用范围非常广。

（二）营销茶艺

营销型茶艺是借助茶艺来促销茶叶、茶具，有营销茶产品的目的，同时推广茶文化。此种茶艺形式对茶艺师的要求一般较高，不仅需要具备专业的茶知识，还需要一定营销技巧。对营销型茶艺的茶艺师来说，能够直观、简易地向顾客介绍一款茶叶的特性、历史文化背景、健康功效、市场价值等，并且提高成交率。营销型茶艺适用于在茶庄、茶叶店、茶会所、茶叶博览会、茶厂等场合。

（三）养生茶艺

喝茶是一种养生方式，养生型茶艺又分为传统养生型茶艺和现代养生型茶艺。传统养生型茶艺不仅有泡茶、品茶，还会有打坐、入定等修心养性的做法。现代养生型茶艺则在传统泡茶技艺的基础上，结合花草、香料的特性来调配保健茶，不局限于传统的六大茶类。因此，此类茶艺形式大多出现在寺庙、养生会所，以及一些茶疗会所等。

（四）表演茶艺

我们经常能在媒体平台上看到各式各样的茶艺表演，这些都属于具有表演性质的表演型茶艺。表演型茶艺中的茶艺技巧精湛、动作优美，具有很强的观赏性和审美性，可以很好地烘托氛围，或是表达某个主题，但是对于观众来说并没有什么参与度，观众甚至喝不上一口茶艺师泡出来的茶，这种类型的茶艺表演形式大于内容，但是也体现了茶艺师的基本功和综合素质。

表演型茶艺又分为活动表演型和比赛表演型，活动表演型茶艺一般在大型聚会、节庆活动、影视网络宣传等场合应用。比赛表演型主要应用于国家、省、市各级茶艺比赛的规则中。见图5-3。

1. 活动表演型茶艺

六大茶类搭配合适的茶器，都可以用来做茶艺表演，解说词可以注重茶品的历史背景、茶叶特点，也可以解说泡茶流程。以乌龙茶茶艺表演及解说词为例：

图5-3　表演茶艺

各位嘉宾，大家好！

很高兴今天为大家表演乌龙茶的冲泡技艺，乌龙茶是我国几大茶类中，独具鲜明特色的茶叶品类，乌龙茶综合了绿茶和红茶的制法，其品质介于绿茶和红茶之间，既有红茶的浓鲜味，又有绿茶的清香，并有绿叶红镶边的美誉。

茶艺表演现在开始，茶艺师入座。

焚香安神：就是希望点燃这柱香，能为您营造一个祥和、肃穆、无比温馨的氛围，但愿这沁人心脾的幽香，能使您心旷神怡，也但愿您的心伴随这悠悠袅袅的香烟升华到无比神奇而又高雅的境界。

活煮山泉：就是煮沸这壶中的水。

叶嘉酬宾：今天，我们为您所选用的是安溪铁观音，属乌龙茶之极品。外形条索卷曲，肥壮圆结，沉重匀整，色泽油亮，被人们形象地比喻为蜻蜓头、颗粒状、蛤蟆腿。

孟臣净心："净心"指紫砂壶被内外洗涤和烫热，保持壶温的作用；也借此为各位嘉宾接风洗尘，洗去一路风尘，洗去心中的烦恼。

高山流水：连绵起伏的晶莹水线为我们勾画出一幅南方特有的山水风景，水线的美感与流水的声音都令人回味。

乌龙入宫：茶叶被称为乌龙，紫砂壶被称为茶的宫殿，乌龙入宫是将铁观音拨入紫砂壶中。

芳草回春：回春就好像春天来了万物复苏，茶叶又恢复了勃勃生机。

分承香露：迅速将浸润茶叶的水倒出，香气渐出，因此称为香露。将此茶汤分别注入闻香杯中，起烫杯作用。

悬壶高冲：高山流水，细水长流。

春风拂面：用壶盖轻轻由外向内刮去茶沫，再轻轻盖上壶盖。

涤尽凡尘：用高温的热水再次洗涤和烫热壶的外身，既冲去壶的外身杂物，也起到再次加热的作用。

内外养身：将浸润茶叶的茶汤再次浇洒在壶身上，以茶汤滋润紫砂壶，起到养壶的作用。

关公巡城：即循环分茶法，是传统茶道过程中的重要步骤。

韩信点兵：将茶汤倒干净，以免留下茶汁影响下一泡的茶汤口感。

敬奉香茗：铁观音汤色金黄，醇厚甘鲜，入口回甘带蜜味，并有兰花香味，风格独特。"有茶中之王、绿叶红镶边、七泡有余香"之誉。

高屋建瓴：将品茗杯盖在闻香杯上，寓意品茶人目光远大，放眼未来。

倒转乾坤：拇指在上按着品茗杯底部，食指、中指在下夹住闻香杯，双手同时将杯子通过起落翻转过来。

空谷幽兰：将闻香杯放在双手中转动，细细品味铁观音特有的兰花香。就像空谷中的兰花，又有绽放，不与世间相争，清贵高雅。

三龙护鼎：拇指、食指端起杯身，中指扶在杯底，三指像三条龙，而将品茗杯尊为鼎，表明大家对茶及茶人的尊重。

鉴赏三色：一看茶汤表面的黄金圈，二看茶汤是否清澈明亮，三看杯底茶渣多少，来鉴定茶汤色泽。

初品奇茗：品字三个口，一口为抿，让口腔适应茶汤的温度；二口为品，让茶汤顺着舌尖旋转一圈，充分感受茶汤的香气和滋味；三口为饮，一饮而尽，表示对茶人的尊敬。

返盏归原：将茶具收回如初，意在周而复始，期待下次相聚。

愿今天的茶艺表演能给各位嘉宾留下一个美好的回忆，愿铁观音的韵味永驻心田。

茶艺表演到此结束，谢谢大家！

2. 比赛表演型茶艺

茶艺师职业技能比赛中，包含了规定茶艺和自创茶艺。

（1）规定茶艺　主要考查的是茶艺师的基本功。从竞赛组委会提供的绿茶、乌龙茶、红茶三种茶样中抽取一种进行冲泡，时间为 6～10 分钟；绿茶规定茶艺为玻璃杯泡茶法；红茶规定茶艺为盖碗泡茶法；乌龙茶规定茶艺为紫砂壶双杯泡茶法。

比赛统一茶样、统一器具、统一音乐。参赛选手抽签确定茶样，然后有 15 分钟时间提前熟悉茶样。赛前 5 分钟自行备具、备水（不计入比赛时间内）。尽可能着我国传统服装。演示过程不需要解说。

① 绿茶规定茶艺竞技步骤：

备具—端盘上场—布具—温杯—置茶—浸润泡—摇香—冲泡—奉茶—收具—端盘退场。

② 红茶规定茶艺竞技步骤：

备具—端盘上场—布具—温盖碗—置茶—冲泡—温盅及品茗杯—分茶—奉茶—收具—端盘退场。

③ 乌龙茶规定茶艺竞技步骤：

备具—端盘上场—布具—温壶—置茶—冲泡—温品茗杯及闻香杯—分茶—奉茶—收具—端盘退场。

（2）自创茶艺　自创茶艺演示是在中国茶道精神指导下，以泡好一杯茶汤、呈现茶艺之美为目的，选手自行设定主题、茶席和背景、流程、音乐，并将现场解说、演示等融为一体的茶艺比赛形式。作品主题、所用茶品不限，但必须含有茶叶。比赛时间为 8～15 分钟。现场布置时间不超过 5 分钟（不计入比赛时间）。

自创茶艺表演主要注重作品创意、选手仪表仪容、茶艺演示、茶汤质量、文本及解说等，选手综合能力的展示（图 5-4）。

图 5-4　武汉市第二十三届茶艺师职业技能大赛自创茶艺获奖作品《一叶一心》

第三节　茶艺文化

茶艺是综合性的艺术，它与文学、绘画、书法、音乐等相结合构成茶艺文化，茶如山水，可入书画，可作诗词。历代文人雅士妙笔生花，赋予一片绿叶无限的诗情画意，形成了具有浓厚民族特色的中国茶文化。

一、茶书

从中国唐代陆羽在公元 780 年第一本《茶经》问世到 1991 年陈宗懋主编《中国茶经》出版共经历了 1200 多年。在这 1200 多年间，各朝各代都出版了不少茶学经典著作。这些著作内容丰富，从科学到经济，从哲学到文学，无所不包。

陆羽的《茶经》开创了茶书的先河，水平极高（图5-5）。《茶经》是中国乃至世界现存最早、最完整、最全面介绍茶的第一部专著，被誉为茶叶百科全书。陆羽简洁而又全面地介绍了唐朝的茶文化，包括茶之起源、制茶和煮茶用具、茶叶采制过程、煮茶用水、煮茶方法、茶叶产区等等，对唐朝茶文化做了系统梳理，还提出了最为重要的茶道思想"最宜精行俭德之人"。

《大观茶论》是中国几千年的封建王朝300多个皇帝中唯一一个写茶书的人——宋徽宗赵佶所著。宋代斗茶成风，《大观茶论》中详细记载了程序繁复、要求严格、技巧细腻的斗茶。人类茶文化史上唯一的帝王茶书，是人类茶美学巅峰的标志，该书也是阐述宋代点茶精妙的经典著作。见图5-6。

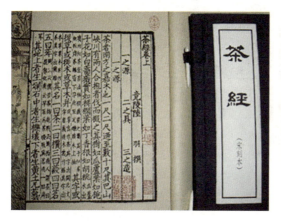
图5-5 《茶经》文本

图5-6 《大观茶论》宋徽宗 赵佶

《茶录》是宋代重要的茶学专著，分上下两篇，上篇论茶，分色、香、味、藏茶、炙茶、碾茶、罗茶、候茶、熁盏、点茶十目，主要论述茶汤品质和烹饮方法。下篇论器，分茶焙、茶笼、砧椎、茶铃、茶碾、茶罗、茶盏、茶匙、汤瓶九目。《茶录》是继陆羽《茶经》之后最有影响的论茶专著，见图5-7。

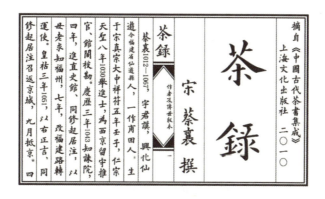
图5-7 《茶录》宋代 蔡襄

《煎茶水记》原名《水经》，是一本现存最早的专门论水评泉的著作。全文仅约 900 字，共列出全国宜茶用水 20 处。《煎茶水记》根据陆羽《茶经》的五之煮，略加发挥，而尤重水品，将庐山康王谷水帘泉列第一，无锡惠山泉水评为第二。见图 5-8。

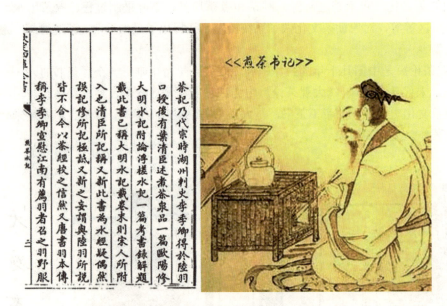

图 5-8 《煎茶水记》唐代 张又新

二、茶诗

早在两晋时期，茶作为饮品，步入文人的生活。唐代，迎来中国历史上最繁荣的盛世，茶树种植面积扩展，茶的生产贸易繁荣，茶日渐与琴棋书画、诗词歌赋等文学艺术相融合，唐代诗词中与茶有关的诗作多达 500 余首。

《六羡歌》
唐·陆羽
不羡黄金罍，不羡白玉杯。
不羡朝入省，不羡暮登台。
千羡万羡西江水，曾向竟陵城下来。

赏析：全诗无茶，却道尽了茶人的风骨与风华。茶圣陆羽，为史上第一茶人，人类茶学的创始者，尊为人类茶圣。著《茶经》，立茶学，开茶门，寻茶道。从此，茶自普通饮品正式登台升华为人类精神层面的茶文化。其推广煎茶法，普及于大唐，功莫大焉！伟大的茶圣，以其辉煌的创造力，推动着人类文明的重大进步，其灿烂的光辉照耀人间千余年，至今对全球茶人有着无与伦比的深远影响。

《七碗茶歌》
唐·卢仝
一碗喉吻润，二碗破孤闷。
三碗搜枯肠，惟有文字五千卷。

四碗发轻汗，平生不平事，尽向毛孔散。
五碗肌骨清，六碗通仙灵。
七碗吃不得也，唯觉两腋习习清风生。
蓬莱山，在何处？
玉川子，乘此清风欲归去。

赏析：卢仝以一诗照耀千年茶史，以一诗阐述茶道意境之极致，此诗言品茶之真味，达至美之极境，堪称千古第一茶诗。此诗从第一碗到第七碗，碗碗相连，愈进愈美，以极为精辟的文字表达出飘飘欲仙的感觉，甚至到了"吃不得也"的程度。这首诗写得挥洒自如、层层推进、恰到好处、炽热唯美，从构思、语言、意境到内心，在两千年的茶诗历史中，堪称达到了极致完美的巅峰之境。

《饮茶歌诮崔石使君》
唐·皎然
越人遗我剡溪茗，采得金牙爨金鼎。
素瓷雪色缥沫香，何似诸仙琼蕊浆。
一饮涤昏寐，情来朗爽满天地。
再饮清我神，忽如飞雨洒轻尘。
三饮便得道，何须苦心破烦恼。
此物清高世莫知，世人饮酒多自欺。
愁看毕卓瓮间夜，笑向陶潜篱下时。
崔侯啜之意不已，狂歌一曲惊人耳。
孰知茶道全尔真，唯有丹丘得如此。

赏析：此诗为茶史上首次出现的真正茶道意义的"茶道"二字，这是一首极具浪漫主义的精彩诗篇，阐述了茶之真味与茶道精神文化，更是阐述了茶的修心、修行、得道等神奇作用。作者在描绘茶的色、香、味、形后，激情满怀地描绘了一饮、再饮、三饮的美妙感受，把饮茶的精神享受与修心之道作了最动人的歌颂。

《一字至七字诗·茶》
唐·元稹
茶，
香叶，嫩芽。
慕诗客，爱僧家。
碾雕白玉，罗织红纱。
铫煎黄蕊色，碗转曲尘花。
夜后邀陪明月，晨前独对朝霞。
洗尽古今人不倦，将知醉后岂堪夸。

赏析：此诗极妙，简简单单几句话，描写得非常透彻而有趣。第一句写主题，第二句写形态性质，第三句写茶客，第四句写制茶，第五句写品茶过程，第六句写茶境，第七句写饮茶功效。更妙的是写出了茶之美感、茶之历史感，又以宝塔的形状排列，读起来朗朗上口，令人传唱不休。此诗以一七诗体言茶之本性，层层递进，自本性推至功用受众等，独具美感，令人印象无比深刻。

三、茶画

茶画,既是经济繁荣的物质表征,也体现了文人雅士闲情逸致的格物情怀。它将水墨与茶情茶意完美结合,再现了历朝的茶饮风尚,更以此记录了我国茶文化的历史变迁。观茶画,仿佛能听到那茶水涓涓作响,嗅到那沸腾的氤氲茶雾在空气中飘香,享受到浓郁的生活气息和品饮乐趣。

唐代茶画尚处于开拓时期,对烹茶、饮茶具体细节与场面的描绘比较具体、细腻,色彩亮丽,人物形象丰满,展现出一派盛唐气象。

《萧翼赚兰亭图》被认为是中国乃至世界历史上第一幅表现茶文化的丹青开山之作,描绘的是一场关于茶的"鸿门宴",描绘的是萧翼从辩才和尚手中骗取王羲之《兰亭序》的故事,原本已佚。该图记录了唐人以茶待客的史实,再现了唐代烹茶、饮茶所用的茶器、茶具以及烹茶方法。见图5-9。

如图5-10所示,描绘了宫廷仕女坐长案娱乐茗饮的盛况。图中12人,或坐或站于条案四周,长案正中置一大茶海,茶海中有一长柄茶勺,一女正操勺,舀茶汤于自己茶碗内,另有正在啜茗品尝者,也有弹琴、吹箫者,神态生动,描绘细腻。

图5-9 《萧翼赚兰亭图》唐 阎立本

图5-10 《宫乐图》(会茗图)唐 绢本设色

宋徽宗赵佶轻政重文,一生爱茶,嗜茶成癖,常在宫廷以茶宴请群臣、文人,如图5-11所示,此幅茶画描绘了文人会集的盛大场面。在一个豪华庭院中,设一巨榻,榻上有各种丰盛的菜肴、果品、杯盏等,九文士围坐其旁,神志各异,潇洒自如,或评论,或举杯,或凝坐,侍者们有的端捧杯盘,往来其间,有的在炭火桌边忙于温酒、备茶,场面气氛热烈,人物神态逼真,体现了北宋"郁郁乎文哉"时代的真实写照。

如图5-12所示,此画为工笔画法,描绘的场景为小型文人雅集,也描绘了宋代点茶的饮茶风尚。画面左侧两人,一人跨坐凳上磨茶,桌上有茶罗、茶盒等;另一人伫立桌边,提着汤瓶点茶,桌子左侧地上放着煮水的炉、壶,桌上有茶巾,右手边立一大瓮;桌上放置茶筅、青瓷茶盏、朱漆盏托、玳瑁茶末盒、水盂等茶器。画中一切显得安静有序,反映出宋代茶事的精细和奢华。

如图5-13所示,该画是茶画中的传神之作,画面上四茶贩在树荫下作"茗战"(斗茶)。人人身边备有茶炉、茶壶、茶碗和茶盏等饮茶用具,轻便的挑担有圆有方,随时随地可烹茶比试。左前一人手持茶杯、一手提茶桶，神态自若，其身后一人手持一杯，一手提壶，作将壶中茶水倾入杯中之态，另两人站立在一旁注视。斗茶者把自制的茶叶拿出来比试，展现了宋代民间茶叶买卖和斗茶的情景。

图 5-11 《文会图》北宋 赵佶

图 5-12 《撵茶图》南宋 刘松年

图 5-13 《斗茶图》元 赵孟頫

如图 5-14 所示，此画是山水人物画，描绘了文人学士悠游山水间，夏日相邀品茶的情景。青山环抱，林木苍翠，溪流潺潺，参天古树下，有茅屋数间。茅屋里一人正聚精会神倚案读书，书案一头摆着茶壶、茶盏诸多茶具，靠墙处书画满架。边舍内一童子正在煽火烹茶，舍外右方，小溪上横卧板桥，一人缓步策杖来访，身后一书童抱琴相随。画面向我们描绘了文人在山中小舍内调琴品茗、知己聚谈的生活场景。

图 5-14 《事茗图》明代 唐寅

图 5-15 中所绘茶轩,是文徵明常与好友聚会品茗之所。此画描绘了文徵明与友人在林中茶轩品饮雨前茶的场景。周围环境幽雅,苍松高耸,两人对坐品茗清谈。几上放置茶具若干,堂外一人正过桥向茶轩走来;茶轩内炉火正炽,一位童子正在煮茶。堂外一人,正过桥向草堂行来。此画描摹的是超脱世外、追求清雅的明代文人雅集活动。

图 5-15 《品茶图》明代 文徵明

四、茶乐

品茗与音乐密不可分。想要品出茶的真正滋味来,除了茶叶、水质和茶具外,有时还需音乐来给品茗带来一种幽雅的意境。早在唐宋时期,茶文化就逐渐和音乐、歌舞等相融合，形成以音乐为载体、以茶道精神为内涵的高雅艺术。

喝茶的音乐，不能是迪斯科、说唱音乐，更不能是摇滚乐、金属乐，而是又轻又柔的轻音乐或平和婉转的歌谣、民谣。无论是雨滴滴答声、鸟虫鸣叫声或是大海击打海浪的呼啸声等大自然清音，还是琴瑟、古筝、古琴、琵琶、笛等多种器乐和声乐，都自有情趣，皆能入茶。

茶和音乐相交融，给品茗者一种味觉和听觉的双重享受，被音乐感染、调理情绪，从而褪去嚣杂不安。喝茶听音乐，通过婉转悦耳的旋律，让品茗者神思遐想，思绪遨游在大海中，奔驰于草原上，无忧无虑，像那脱了缰的马儿。

适合品茗时听的音乐有很多，比如《阳关三叠》《梅花三弄》《春晓吟》《雨打芭蕉》《平湖秋月》《高山流水》《酒狂》《阳春白雪》《秋江夜泊》《禅茶一味》《雨的印记》《天空之城》《琵琶语》《渔舟唱晚》《高山流水》《春江花月夜》《广陵散》《汉宫秋月》《平沙落雁》《云水禅心》《二泉映月》《大胡笳》《夕阳箫鼓》《渔樵问答》《十面埋伏》《寒鸦戏水》《蕉窗夜雨》《出水莲》《潇湘水云》等。

五、茶戏剧

茶与戏剧渊源很深，茶事戏剧既多又广。茶浸染在生活的各个方面，体现了茶事的内容和场景，有的甚至全剧以茶事为背景和题材。中国戏剧成熟于宋元时期，宋元戏剧中就有反映茶事活动的内容。

1.《孔雀胆》

作者郭沫若是诗人，又是剧作家，在描写元朝末年云南梁王的女儿阿盖公主与云南大理总管段功相爱的悲剧《孔雀胆》中，郭沫若把武夷茶的传统烹饮方法，通过剧中人物的对白和表演，介绍给了观众。

2.《天下的红茶数祁门》

这是一出由茶人编撰的茶戏剧。作者胡浩川，中国现代著名茶学家。他年轻时曾留学日本静冈茶叶学校，回国后于1934年7月出任祁门茶叶改良场场长。创作祁红加工工艺的剧本，但未上演。直到1949年10月间，为庆祝祁门县解放，原剧本改编成六幕剧《天下的红茶数祁门》，进行排练并正式上演，在当地引起强烈反响。

3.《茶馆》

编剧为老舍先生。该剧通过写一个历经沧桑的"老裕泰"茶馆。在清代戊戌变法失败后，民国初年北洋军阀盘踞时期和国民党政府崩溃前夕，在茶馆里发生的各种人物的遭遇，以及他们最终的命运，揭露了社会变革的必要性和必然性。

第六章
书法之美

思政目标

1. 引导学生通过学习书法,深入了解中华文化的历史渊源、文化内涵和精神实质,传承和弘扬书法文化,培养学生的文化自信和民族自豪感。

2. 引导学生通过书法作品的创作和欣赏,感受中华民族的伟大精神和文化底蕴,增强学生的爱国情感和家国情怀,引导学生树立正确的价值观和人生观,培养学生的社会责任感和公民意识。

第一节 书法审美

书法,是以汉字为表现对象,以毛笔为书写工具,遵循系列法则进行书写而形成的抽象的线条造型艺术。书法具有很高的审美价值,用简练的线条造型可以表达出复杂的思想和情趣。书法被誉为"无言的诗、无行的舞、无图的画、无声的乐",是中国文化艺术的结晶和东方文明的重要象征。写字是实用技能,是日常学习、工作和生活的需要;书法是造型艺术,前者为后者打下基础,书法是愉悦人们精神的需要。

中国书法历史悠久,书法艺术体现了最典型的东方艺术之美和优秀的东方文化,是我们民族永远值得自豪的艺术瑰宝,它具有世界上任何艺术都无与伦比的深厚群众基础和艺术魅力。追寻千年书法发展的轨迹,我们能清晰地看到它与中国社会的发展同步,并强烈地反映出每个时代的精神风貌,"晋人尚韵、唐人尚法、宋人尚意、元明尚态、清人尚变",凭借着点画的组合、线条的变化和笔墨的运用形成了各种书体、流派并涌现出许多独具风格的书法家。下面走进隶书、楷书、行书的经典"碑帖之林"感受书法带来的魅力。

一、八大经典隶书欣赏

1.《张迁碑》

《张迁碑》是东汉晚期作品。古朴淳厚,雄强大气,堪称汉碑中此类风格的代表作。该碑用笔以方为主,许多笔画棱角分明,笔画之间粗细对比不强烈但饱满,字内布白少,所以突出厚重感。每个字所占用的空间匀称,复杂的变化都表现在笔画内部。在结体上以扁方为主,构字形态独特,方整劲挺,结构谨严,笔法凝练。书风端正朴茂,方劲雄浑。初看似乎稚拙,细细品味才见精巧,章法、行气也见灵动之气,沉着有力,古妙异常。见图 6-1。

图 6-1 《张迁碑》

2.《曹全碑》

《曹全碑》是东汉时期重要的碑刻。该碑以风格秀逸多姿和结体匀整著称,为历代书家推崇备至。其用笔逆入平出,以圆笔为主,运笔如顺势推舟,很少有大蹲大跳之笔,不激不励,笔势稳健,婉丽绰约,明媚多方。此碑的阴柔之美为其特色,婀娜多姿、体态窈窕,艳而不俗、秀而尤清,中宫紧收、精气内藏。舒展如群鹤翔翅,雅静端庄,得华贵于古厚之中,寓清秀于风月之间,笔精墨妙,丰腴蕴藉,情驰神纵,超逸优游,意气灵和,开明丽清雅一路。见图 6-2。

3.《礼器碑》

《礼器碑》是汉代隶书的重要代表作之一。中正典雅,法度森严,飘逸而不失沉着,规整而不失畅快。该碑笔画以瘦硬为主,粗细变化明显,尤其是部分捺画,劲健有力,干脆利落,粗与细之间形成明显反差。平正于外,奇崛于内,体势变化看似平淡,而结体细细推敲却并不简单,布局疏朗,而字字重心稳固,通篇骨力通达,神完气足。碑文字迹清劲秀雅,有一种肃穆而超然的神采。见图 6-3。

图 6-2 《曹全碑》

图 6-3 《礼器碑》

4. 《史晨碑》

《史晨碑》是著名汉碑之一。结体方整,端庄典雅。笔势中敛,波挑左右开张,疏密有致,行笔圆浑淳厚,有端庄肃穆的意度。含蓄蕴藉,健劲遒逸,结构左顾右盼,上下启承,疏密匀称,提按得法,风韵自然跌宕,飞彩凝晖,法意俱全。见图 6-4。

5. 《乙瑛碑》

《乙瑛碑》是汉隶中的逸品。字势开展,古朴浑厚,俯仰有致,向背分明。其结字看似规正,实则巧丽,字势向左右拓展。书风谨严素朴,为学汉隶的范本之一。该碑结体方整,结构严谨,字取横势,粗细匀称,是汉隶成熟的标志碑之一。见图 6-5。

图 6-4 《史晨碑》

图 6-5 《乙瑛碑》

八大经典隶书之《爨宝子碑》《西狭颂》《石门颂》赏析见二维码 6-1。

二维码 6-1

二、十大经典楷书欣赏

1.《洛神赋》

如图 6-6 所示,东晋王献之楷书代表作,原墨迹写在麻笺上,内容为三国著名文学家曹植的文章《洛神赋》。此作用笔挺拔有力,风格秀美,结体宽敞舒展。字中的撇捺等笔画伸展得很长但并不轻浮,笔力运送笔画末端,遒劲有力,神采飞扬。字体匀称和谐,各部分的组合中又有细微生动的变化,字的大小不同,字距、行距变化自然。

图 6-6 《洛神赋》

2.《九成宫》

如图 6-7 所示，唐代书法家欧阳询的楷书作品，叙述了"九成宫"的来历和其建筑的雄伟壮观，歌颂了唐太宗的武功文治和节俭精神。此作结体修长，中宫收紧，四边开张，左敛右纵，化险为夷。字形随势赋形，左右结构作相背之势，上下结构上窄下宽，间架开阔稳定，气象庄严。其布白匀整，字距、行距疏朗，全碑血脉畅通，气韵萧然。

图 6-7 《九成宫》

3.《孔子庙堂碑》

如图 6-8 所示，唐代虞世南撰书，为初唐碑刻中杰出之作，亦为历代金石学家和书法家公认之虞书妙品。此作用笔圆劲秀润，外柔内刚，笔势舒展洒落。从整体看，柔和雅致，疏朗从容，表现出一派文人高士的谦和风度。

4.《雁塔圣教序》

如图 6-9 所示唐代褚遂良所书，是书法史上著名碑刻作品。字体清丽刚劲，笔法娴熟老成。在字的结体上改变了欧（阳询）、虞（世南）的长形字，创造了看似纤瘦，实则劲秀饱满的字体。在运笔上则采用方圆兼施、逆起逆止,横画竖入、竖画横起,首尾之间皆有起伏顿挫,提按使转、规矩入神。

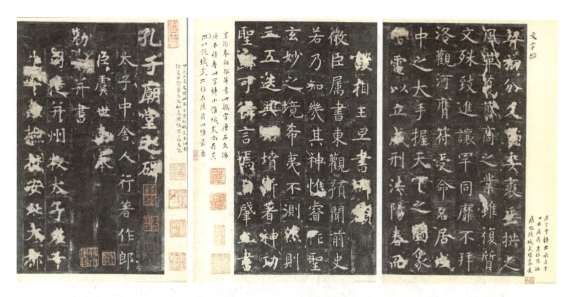

图 6-8 《孔子庙堂碑》

图 6-9 《雁塔圣教序》

5.《多宝塔碑》

如图 6-10 所示,唐代书法家颜真卿书。此碑整体秀美刚劲,清爽宜人,简洁明快,字字珠玑。用笔丰厚遒美,腴润沉稳,横细竖粗,对比强烈。起笔多露锋,收笔多回锋,转折多顿笔。结体严谨遒密,紧凑规整,平稳匀称,又碑版精良,存字较多,学颜体者多从此碑下手入其堂奥。

图 6-10 《多宝塔碑》

十大经典楷书之《灵飞经》《跋王献之保母帖》《玄妙观重修三门记》《琴赋》《张黑女墓志》赏析见二维码 6-2。

二维码 6-2

三、十大经典行书欣赏

1.《兰亭序》

如图 6-11 所示,该帖记述的是晋人王羲之和友人雅士会聚兰亭的盛游之事,是他中年时的得意之作。全篇从容娴和,气盛神凝,被后世学书者尊崇为"天下第一行书"。《兰亭序》章法、结构、笔法都很完美,逸笔天成,而且变化结构、转换笔法,匠心独运而又毫无安排造作的痕迹。被誉为"天下第一行书"确实当之无愧。

图 6-11 《兰亭序》

2.《祭侄文稿》

如图 6-12 所示,唐代颜真卿这篇《祭侄文稿》,是在极度悲愤的情绪下书写,顾不得笔墨的工拙,故字随书法家情绪起伏,纯是精神和平时工力的自然流露。这在整个书法史上都是不多见的。该帖为极具史料价值和艺术价值的墨迹原作之一,至为宝贵。

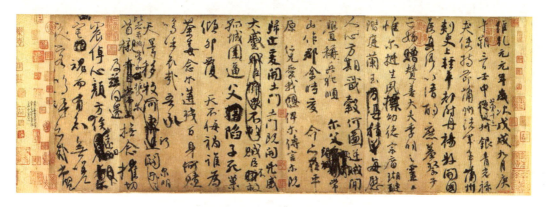

图 6-12 《祭侄文稿》

3.《黄州寒食诗帖》

如图 6-13 所示,该帖是宋代苏轼行书的代表作。这是一首遣兴的诗作,是苏轼被贬黄州第三年的寒食节所发的人生之叹。诗写得苍凉多情,表达了苏轼此时惆怅孤独的心情。整幅作品彰显动势,洋溢着起伏的情绪。

图 6-13 《黄州寒食诗帖》

4.《伯远帖》

如图 6-14 所示,此帖为晋代真迹,晋人王珣书,因首行有"伯远"二字,遂以帖名。该帖是作者给亲友伯远书写的一通信札,其行笔自然流畅,俊丽秀雅,为行书早期的典范之作。

5.《韭花帖》

如图 6-15 所示,《韭花帖》是一封信札,唐代杨凝式书作,内容是叙述午睡醒来,腹中甚饥之时，恰逢有人馈赠韭花，非常可口，遂执笔以表示谢意。此帖的字体介于行书和楷书之间，布白舒朗，清秀洒脱，深得王羲之《兰亭序》的笔意。

图 6-14 《伯远帖》

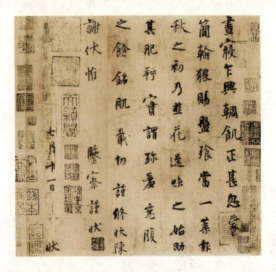

图 6-15 《韭花帖》

十大经典行书之《蒙诏帖》《张翰思鲈帖》《蜀素帖》《松风阁》《土母帖》赏析见二维码 6-3。

二维码 6-3

第二节　书法表现

书法之所以成为艺术，除了中国独有的汉字艺术原型外，还与其使用独特的书写工具和丰富的呈现方式是分不开的。

"文房四宝"（即笔、墨、纸、砚）是中国特有的工具，为书法表现奠定了基础（见图 6-16）。书法的章法作为作品的整体形式布局，是书法艺术形式美的重要组成部分。

二维码 6-4

一、"文房四宝"简介

图 6-16 "文房四宝"

1. 笔

毛笔是我国独特的传统书写、绘画工具，中国传统书画均离不开毛笔。毛笔历来受到文人墨客的喜爱，为"文房四宝"之首。

（1）笔的分类　毛笔的笔头一般以兽毛制成，其品种有几百种之多，可从以下几方面进行分类。

一是按制作原料的性能分，有硬毫、软毫、兼毫三类。硬毫笔用兽毛制成，以黄鼠狼毛制成的称为"狼毫"，以野兔毛制成的称为"紫毫"，还有用鼠须、鹿毛、豹毛、猪鬃等兽毛制成的都称为硬毫。硬毫笔弹性强，锐利劲健，线条瘦劲，但濡墨少。软毫笔也是用兽毛制成的，如用山羊毛、青羊毛或黄羊毛制作的"羊毫"笔，用鸡毛制成的"鸡毫"笔等。软毫笔柔软圆润，濡墨多，弹性较硬毫差，但书写时线条肥瘦随人意，表现力丰富。兼毫笔以两种兽毛制成，常见的有野兔毛和山羊毛合制而成的"紫羊毫"笔，依据各种毛所占的比例，如七成兔毛加三成羊毛合制而成的称为"七紫三羊"，各占一半的称为"五紫五羊"等。用羊毛和狼毛合制而成的兼毫笔也较常见，羊毛成分越多，笔的弹性就越小。兼毫笔弹性适中，濡墨适量，线条可粗可细，适合初学者使用。

二是按锋颖的长短分，有长锋、中锋、短锋三类。长锋因锋颖较长而得名，锋腹较柔，濡墨多，但锋长不易控制，没有经验或初写长锋者都极难把握。长锋宜写较大的行、草书。短锋因锋颖较短而得名，锋腹较硕，濡墨少，宜写小楷。中锋在锋长和性能上都介于长锋和短锋之间，适于各种书体的书写，但不宜过大。

三是按适合书写字体的大小分，有大楷、中楷、小楷三类。比大楷大的还有提笔、斗笔，更大的有揸笔；比小楷小的有"精工""红豆"及规格不同的"圭笔"等。

（2）笔的选择　笔质量的好坏、大小是否合适，笔锋长短是否适宜，对于书写者是十分重要的。因此，学习书法之前必须选择一支好的毛笔。如何选笔，请把握以下几点。

一是制作精细。好的毛笔须具备"四德"，即看笔头是否合乎圆、健、尖、齐四条标准。圆，指笔头周围饱满圆润，呈圆锥状，不凹不凸，不扁不瘦，手感圆滑顺畅。健，指笔头富有弹性，铺开后易于收拢，按弯提起时能较快地收束变直，并基本恢复原状，锋颖不发黄、不发绿。尖，指笔锋尖锐，不秃不叉。齐，指将笔尖捻扁后，尖端的若干毫毛整齐而无长短不一之状。除"四德"以外，还须笔头正，毫毛匀直，笔头与笔杆粘接牢靠，笔杆圆直，粗细合手。

二是适用好用。除质量好以外，选择毛笔还要根据自己的具体情况来定大小、长短、粗细。如：写大字用大笔，写小字用小笔；写骨力外露、棱角分明的字用硬毫，写筋骨内藏、丰满圆润的字用软毫；写笔力劲挺的字用短锋，写灵动飞扬的字用长锋；写凝重粗犷的大字用软毫大笔，写精细工整的小字用硬毫小笔；在宣纸和毛边纸等吸水性较强的纸上写字用硬毫或兼毫为宜，在有光纸、胶版纸上写字用软毫笔为宜。根据不同的书体和不同的纸张来选择毛笔，能得心应手，收到好的书写效果。

2. 墨

墨是写字作画的传统材料。中国的书画用墨非常讲究质量精美，除使用外，很多精品墨还作为工艺品收藏，供人欣赏。

（1）墨的分类　墨的品种繁多，大致分为两类。一是油烟墨，是用油烧烟（主要是桐油，并和以麻油、猪油等），再加入胶料、麝香、冰片等制成。油烟墨质地优良、坚实细腻，特别乌黑发亮。二是松烟墨，是用松树枝烧烟，再配以胶料、香料制成。其色黑，但缺少光泽，胶质较轻。墨的质量好坏，要看其是否具备"质细、胶轻、色黑、音清"的特点。质细，是指墨中无杂质、无气泡、坚结、细腻、耐磨；胶轻，是指墨中配入的胶质适中，磨出的浓墨不泥，不涩笔；色黑，是指墨色沉着，有神采，黑中泛紫光为最好，纯黑次之，泛白光的最差；音清，是指磨墨时发出的声音轻细。

（2）墨的选用　这里是指用于研磨的墨锭，现在用得很少，若用则是用于书画家的艺术创作以追求特殊的墨趣。现在更多地使用成品瓶装墨汁。初学者不必购买传统的研磨墨，选购质量较好的瓶装墨即可。现今市场上瓶装墨的品种很多，如"一得阁""中华""曹素功""红星"等都是价廉物美的品牌，墨色既黑又亮，且香味清雅，使用时加水稀释至合适的浓度更佳。

3. 纸

这里所说的纸，是指专门用于书法和中国画创作的宣纸。宣纸因产于安徽宣城而得名，在唐代就已用于写字、绘画，可见其历史之悠久。宣纸以其优良品质和长久寿命（古有"纸寿千年"之说）奠定了它在中国文化史上的地位。

（1）纸的分类　宣纸品种繁多，因产地、原料和生产工艺不同，纸的性能也有较大差异，大致可分为生宣、熟宣和半生半熟宣三类。生宣，质地较柔软，吸水性强，洇渗快，写字作画时如运用得当，能更好地表现笔墨情趣，甚至产生意料不到的效果。熟宣，是在生宣的基础上涂以明矾等方法加工制成的，其质地较生宣稍硬，不太吸水和化水，宜于表现从精到细腻的笔墨效果，是写楷书和画工笔画的理想用纸。半生半熟宣，其性能介于前述两种之间，也是书法和绘画的理想用纸。

（2）纸的选用　宣纸的价格一般较高，如果是书画家或已具功底的书画爱好者，可根据自己的喜好选用品种合适的宣纸用于练习和创作。而对于平时练习和书法初学者来说，有条件者除可选用一般的宣纸和皮纸外，还可选用竹纤维纸（即毛边纸）进行练习。这种纸的特点是纸质疏松，韧性差，色泽黄。

4. 砚

砚，又称"砚台""砚池""砚田"等，大型砚又称"墨海"，是用于磨墨的工具。

（1）砚的分类　从材料上，分为石砚、陶砚、砖砚、瓦砚、沉泥砚、玉砚、瓷砚、铁砚等，形状以长方形、方形和圆形为主，兼有异型，其中以石砚最为实用。石砚中又以端砚、歙砚、鲁砚最为名贵。端砚，因产于古端州（今广东省肇庆市东效的端溪）而得名。《端溪砚史》称，端砚"体重而轻，质刚而柔，摩之寂寂无纤响，按之如小儿肌肤，温软嫩而不滑"，乃端溪岩石得天独厚之妙。歙砚，因产于安徽歙州（即今安徽省歙县）而得名，又因石材出自该县的龙尾山，故又称为"龙尾砚"。歙砚以青灰色为主，质地较端砚嫩。鲁砚，因产于山东而得名，亦为砚中之名品。有诗赞鲁砚曰："抚之细滑如凝脂，呵之油然云雨腾，磨之随墨出乌漆，濯之出水见金星。"以上名砚的共同特点是石质坚润细腻，但腻而不滑，坚而不燥，储水不涸，历寒不冰。研磨时手感好，细腻而不滑，出墨快而多，不损笔毫。

（2）砚的选用　以上所介绍的三大名砚都价格不菲，对于初学者尤其是学生来说难以承受，现在市面上出售的普通砚台，只要不是太滑或过于粗糙，能出墨并磨出的墨汁没有粗粒，初学者都可以选用。使用时应当注意，用墨锭磨墨后，不要将墨锭长久放在砚上，以免被黏吸住，拔取时会使砚面表层剥落。无论是墨锭磨墨还是用瓶装墨写字、画画后，一定要及时用冷水洗净砚槽，再另外储以清水以保持砚心湿润，这叫"养砚"。

除笔、墨、纸、砚这四种主要工具外，还有一些与之配套的、较为常见的其他器具。如毛毡：写字时垫在纸下，防沾染、能托墨。笔筒：笔不用时插放其内。笔洗：笔使用后濯洗余墨。镇纸：又称书镇，作压纸或压书之用，以保持纸、书面的平整。印章：用于钤在书法、绘画作品上，有名号章、闲章等。印盒：又称印台、印色池，置放印泥。

二、书法章法介绍

书法的章法，是指作品的整体格式和分行布白的方法，其实简单的理解就是书法作品的谋篇和布局。

书法作为一门艺术，不仅要求法度谨严、气韵生动，还须章法合理完善，使整幅作品款式得当，分行布白虚实相生、黑白相间。既气舒意畅、节奏鲜明，又行气贯通、首尾呼应，而浑然一体，这样才能给人以完整和谐的整体美感。如果不讲章法而信笔书写，或拥挤纠结，或松散零乱，黑白不分，字行不明，整体不协调、不统一，写出的作品即使书法精到，也难以产生艺术魅力。下面列举立幅、横幅、对联、斗方、扇面、册页等，供大家学习参考。

1. 立幅

立幅为长方形竖式，装裱成轴子后又称为立轴。

立幅中幅面较宽（一般为整幅宣纸），装裱后单独或两边配以对联的，称为中堂；幅面较窄（一般为整幅宣纸竖着对裁）的，称为立幅、立轴或条幅；几幅相同规格条幅组合在一起的，称为条屏或屏条。见图 6-17。

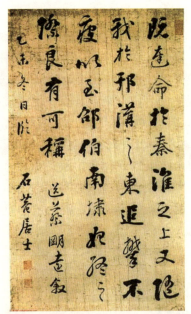

(a) 明 文徵明行书《七言诗》立轴　　(b) 清 刘墉临颜真卿《送蔡明远叙》行草轴

图 6-17　立幅

2. 横幅

横幅为长方形横式，书写时由上而下，从右到左。见图 6-18。

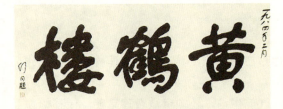 

(a) 当代 舒同《黄鹤楼》题字　　(b) 当代 启功《风华正茂》

图 6-18　横幅

3. 对联

对联又称对子、楹联，由两幅竖式形式组成，字数相等、内容相近、平仄相对，右联为上联，左联为下联。见图 6-19。

4. 斗方

斗方为方形，多为整幅宣纸（一般为三尺或四尺）横着对裁。见图 6-20。

图 6-19　清 康有为 行书《开张天岸马》五言联

图 6-20　明 文徵明 行书《登君山》

5. 扇面

扇面分为"团扇"和"折扇"两种形式。见图 6-21。

(a) 明　董其昌 草书《七言诗》

(b) 明 文徵明 行草书《七言诗》

图 6-21　扇面

6. 册页

册页为方形，有正方形也有长方竖形或横形，折叠起来如书册，展开如长卷。见图 6-22。

图 6-22　元 赵孟頫 行书《梅花诗》帖

第三节　书法文化

在中国书法的发展历程中，每一个历史阶段的书风特点都与当时的历史条件息息相关。中国书法的演变、发展，除了文字形体这一重要因素外，还有一个很重要的内容，就是它必须与社会的需求相适应。

中国书法艺术的发展历程向人们揭示了每一历史时期的书风特点，始终是与那一时代的社会政治、经济、文化的全局发展紧密联系在一起的。不可否认，每一时代书风倾向的形成，大凡取决于那一时代的历史特点。当然，书体的变迁发展、各个时期书风特点的形成，还与历代书家个人的呕心沥血、苦心经营是分不开的，中华民族的传统美德和优秀深厚的文化积淀"滋养"了中国书法艺术这一独特艺术形式。

二维码 6-5

书法是随着汉字的变革和书写工具、材料的不断改进而演变发展的，在这个发展过程中，书体不断增多、风格不断更新。对于书法艺术的书体风格而言是不胜枚举的。在这里，仅以源流主线来扼要介绍篆、隶、楷、行、草等字体。

一、篆书

篆书泛指汉代以前的古代文字，包括甲骨文、金文、籀文和小篆。广义上，甲骨文、金文、籀文和春秋战国时期通行于六国的文字都属于大篆。狭义上，大篆也专指籀文，小篆指的是秦代统一、通行的篆书。见图 6-23。

（1）甲骨文　甲骨文主要指殷墟甲骨文，又称为"殷墟文字"，是殷商时代刻在龟甲、兽骨上的文字，其内容为卜辞或与占卜有关的记事。甲骨文最早出土于河南安阳小屯村，是我国现存可识文字中最古老的文字，也是迄今为止所能见到的最早的书法艺术雏形。

  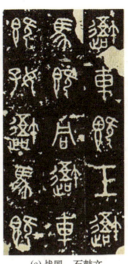 

(a) 商　甲骨文　　　(b) 周　毛公鼎　　　(c) 战国　石鼓文　　　(d) 秦　峄山碑

图 6-23　篆书

（2）金文　金文为古代青铜器上的文字，书体由甲骨文演变而成，因多铸或刻在钟、鼎之类的金属器皿上，故称之为金文、钟鼎文。由于出土的器物大都是周代的遗物，殷商的较少，因此，金文一般专指周朝的文字，内容多为祭祖、征伐、契约等大事纪实。金文圆润古朴，富有变化，风格多样，在中国书法史上占有重要地位。

（3）石鼓文　石鼓文为我国现存最早的刻石文字，因刻在石鼓上而得名。石鼓文的结构有相对的规律性，笔画圆转、遒劲凝重，结体平稳方正、匀称整齐而奇崛。

（4）小篆　小篆也称为"秦篆"，秦统一中国后，推行"书同文"政策，这种统一的文字即小篆。小篆笔画线条庄重优美、圆润劲健，结体匀圆舒展、柔中寓刚，具有很高的艺术价值。

二、隶书

隶书由篆书演变而来，字形多呈宽扁，横画长而竖画短，讲究"蚕头燕尾，一笔三折"。

隶书从战国后期即有萌芽，至秦时有较大发展。因是从事抄写的奴隶为书写便利和迅速而创造的，故称之为隶书。至西汉时，字体趋于扁平，代表隶书特点的波笔捺脚趋于明显，隶书日臻成熟，成为汉代典型书体，后世称之为"汉隶"。进入东汉，隶书已臻于成熟。东汉以后，隶书逐渐被楷书所代替，并随着实用价值的减退而逐渐变为纯艺术书体，两汉以后的隶书，其艺术成就始终难有超过汉隶的。

特别是大量碑刻涌现，作品流派纷呈，风格各异，美不胜收。如笔势灵动、变化丰富而结构平正宽博的《乙瑛碑》；笔画遒劲凝重、结体持重俊逸的《礼器碑》；笔画坚实、结构紧凑而不局促、规整古朴的《张迁碑》；笔画流畅、笔势飘逸、结构精巧秀丽的《曹全碑》等，都无不深受历代书法家所推崇喜爱，而且对后世书法产生深远影响。

三、楷书

楷书也称"正书""正楷""真书"，由隶书发展演变而来，为魏晋通用至今的一种书体。

(1) 楷书的形成　隶书沿着严整的路子一路发展，继续酝酿着汉字笔画方面的简化，取方笔直式，横笔不再作蚕头燕尾状，取消波磔，发展钩点，使笔画更加简便实用。楷书形成8种基本笔画（点、横、竖、撇、捺、钩、折、挑），产生了点画、结构更加严谨，字形方正的新字体。三国时魏人钟繇被称为楷书之祖，他是使楷书摆脱隶意而成为独立书体的主要人物，见图6-24。钟繇以后，发展楷书写法并在楷书上取得重大成就的人物首推东晋王羲之、王献之父子，后人并称"二王"。王羲之的楷书势巧形密。

(2) 南北朝的碑刻　南北朝时期佛教广为流布，碑刻盛行，流传至今的碑刻造像记、墓志铭等蔚为大观。其中，北魏的作品最多，因此人们概称六朝书法为"北碑"或"魏碑"。其特点主要表现在：一是点画浑厚丰满，笔法方硬险劲；二是笔势飞动，相互呼应；三是结字自然，气势开张。总的印象是给人古朴粗犷、雄强的美感。魏碑书法千姿百态、异彩纷呈，楷书名作不胜枚举，是我国楷书发展史上光辉灿烂的一页，在中国书法史上占有极其重要的地位。见图6-25。

图 6-24　三国（魏）钟繇《宣示表》

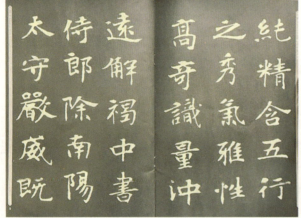 

(a) 魏《张黑女墓志》　　(b) 魏《张猛龙碑》

图 6-25　魏碑书法

(3) 隋代楷书　隋代的楷书在南北朝向唐代的过渡中起着承前启后的作用，上承南北朝雄强之风、下开唐楷严整之先河。

(4) 唐代楷书　唐代楷书为中国书法史上楷书艺术的顶峰。初唐是重法、重式，讲究"楷必有规"的时期，出现了欧阳询、虞世南、褚遂良、薛稷"四大家"。唐朝中、晚期最重要的楷书名家当数颜真卿和柳公权。

(5) 五代以后的楷书　唐朝以后，楷书遇到了停滞不前的局面。由于楷书已最后定型，要想突破已经很难。虽然也有不少楷书名作面世，但与唐代颜真卿、柳公权及初唐四大家的楷书相比，都只能望其项背，难以相提并论。五代以后的楷书，较有成就的大致有以下几位，如：五代杨凝式，北宋蔡襄、赵佶，元代赵孟頫，明代祝允明、文徵明，清代何绍基、翁方纲等。见图6-26。

(a) 宋 赵佶《千字文》

(b) 宋 蔡襄《蒙惠帖》

图 6-26　五代以后的楷书

四、行书

行书是楷书的一种辅助书体，介于楷、草之间，有很大的实用价值。

（1）"二王"行书　行书始于东汉，成熟于晋唐。成就最大、对后世影响最大的当数王羲之，后人誉为"书圣"。王羲之行书传世佳作甚多，其中最有代表性的是《兰亭序》，其书法骨骼清秀、点画俊美、体势自然、行气流畅，结构布局自然多变、神采飞逸。王羲之的第七子王献之也是杰出的行书名家，其书法气势开张、雄健俊美。

（2）唐宋行书　唐朝前期的行书名家是李邕，传世碑刻有《麓山寺碑》。唐朝后期主要有颜真卿，其行书代表作为《祭侄文稿》。唐代行书的传世名作还有欧阳询的《张翰思鲈帖》、虞世南的《汝南公主墓志铭》、褚遂良的《枯树帖》、陆柬之的《文赋》、柳公权的《蒙昭帖》等。宋代印刷术发达，书籍印刷不再只靠手书笔写，宋代书家的注意力遂集中于艺术性更强的行书创作上，书法家们摆脱唐人重法、重式的拘束，使书法创作重视性灵和情感的表现，"立意"书风开一时之新局面。其代表者是苏（轼）、黄（庭坚）、米（芾）、蔡（襄）四大家。

（3）元明清行书　元明清行书的成就总的来说不如宋代。元代书法家很少，比较有代表的是赵孟頫、鲜于枢和康里巎巎等。明代初期的书法受政治影响，曾一度停滞不前并陷入"台阁体"的困境，中、晚期有所改变，文徵明和董其昌功不可没。清代行书必须提到颇有特色的两个人，一是郑燮，号板桥，"扬州八怪"之一；二是何绍基，他的字学颜真卿但有所变革而自成风貌。见图6-27。

 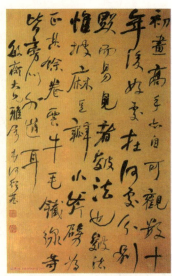

(a) 清 郑燮《行书诗轴》　　(b) 清 何绍基《论画语中堂》

图 6-27　元明清行书

五、草书

草书为笔画连绵、书写较行书更为便捷放纵的书体，有章草、今草、狂草之分。

（1）章草　章草始于东汉，由草隶演变而来。其特点是字字独立而不连写，保留有隶书笔法的遗迹，笔画顿挫明显，粗细变化较大，横笔的尾部一般写成隶书似的捺脚状，向右上方挑起，结构一般为"左紧右松"。见图 6-28。

（2）今草　今草也称"小草"，始于汉末。相传为张芝对章草中蕴有隶书波折的笔画有所改进，并变不相关联的单字为笔意呼应、行气连贯的整体，使书写简约流畅。史载，今草至"二王"（王羲之、王献之）臻于完善，其二人草书深受张芝影响，书写妍美流畅，或连绵回绕，或笔断意连，或体势纵横，或神采飞动。"二王"以后的今草名家还有很多，他们的草书各有特点、风格粲然，观之赏心悦目。见图 6-29。

图 6-28　三国 皇象《急就章》　　图 6-29　东汉 张芝《秋凉平善帖》

（3）狂草　狂草也称"大草"，是草书中最为放纵的一种。其笔势连绵奔突、跳跃跌宕，字形狂放不羁、变化多端，极龙飞蛇舞之至，得名于唐代张旭和怀素。见图6-30。

 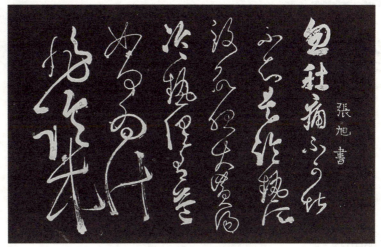

(a) 唐怀素《自叙帖》　　　　　　　　　　(b) 唐　张旭《肚痛帖》

图 6-30　狂草

二维码 6-6

第七章

绘画之美

思政目标

1. 通过分析传统绘画作品中所体现的仁爱、忠诚、礼义等道德观念,引导学生树立正确的价值观和人生观,增强社会责任感和公民意识。
2. 通过学习和欣赏传统绘画作品,引导学生深入了解中华文化的历史渊源、文化内涵和精神实质,增强文化自信和民族自豪感。

二维码7

第一节 绘画审美

绘画是造型艺术中一种主要的艺术形式。它是指运用线条、色彩和形状等艺术语言,通过造型、色彩和构图等艺术手段,在二维空间(平面)里塑造出静态的视觉形象,以表达作者审美感受的艺术形式。绘画的种类繁多,从不同的角度可将它划分为不同的类别,主要可分为以中国画为主的东方绘画和以油画为主的西方绘画。

东方绘画以中国画为主要表现手法,其特点是线条流畅、墨色韵味丰富。中国画审美特征:形神、气韵、意境、雅俗、文质。中国绘画以"形神兼备"为皈依,以追求"气韵生动"为最高境界,注重生动表现人物的精神、性格。以意为主,即"山性即我性,山情即我情"。凭借有限的视觉感性形象,在虚实结合中,诱发联想和想象,使观者在感情化的"不尽之境"中,受到感染,领会其"景外意"以至"意外妙"之意境之美。强调文质统一,即:"气韵(质)藏于笔墨(文),笔墨(文)都成气韵(质)"。通过画家的主观精神因素,包括修养、品德、秉性等,与客观世界相融合,从而创造出具有深刻内涵的美的形象和境界。在透视规律上,中国绘画相别于西方绘画的"焦点透视",而以"散点透视"为造型法则。中国绘画在长期的发展演变过程中,又积累了极其丰富的技法经验,讲究笔墨效果,包括以毛笔纵横挥洒,皴擦,运用线描和墨、色的变化,来表现形体和质感,强调传达神韵和气势。文人画派又将诗、书、画、印相结合,形成富有东方特色的艺术情趣。见图7-1。

图 7-1　周昉《簪花仕女图》

  西方绘画以油画为主要表现手法，其特点是色彩丰富、线条立体、极具空间感和质感，强调对光线、色彩和形状的把握，追求逼真的视觉效果。油画技术的发展推动了西方绘画的繁荣。从文艺复兴时期的达·芬奇、米开朗基罗，到巴洛克时期的伦勃朗、鲁本斯，再到现代艺术时期的毕加索、马蒂斯，西方绘画展现了丰富多样的表现形式和风格。西方绘画以具象摹写、再现客观现象为基础，重在反映客体真实，故重视远近、大小和明暗的正确性，讲究透视、明暗和投影的关系。随着时代的发展，油画既重视真实的再现对象，又强调主观精神、表现自我，从具象到抽象，各种流派纷呈。见图 7-2、图 7-3。

图 7-2　莫奈《海滨公园打伞的女子》

图 7-3　毕加索《哭泣的女人》

  总的来说，中国绘画讲究的是意境，画面的构图可以北地之山，南河之水，成竹在胸，山林水楼，人物花鸟，增减不在话下。而西方绘画造型严谨，焦点透视决定了其在构图上有所限制，但也更体现了西方绘画方寸之间的精工细作。从现代视角来看中国画在于细细品味，西方画细部则更加耐看。中国艺术的表现注重心灵和感情上的表达，而外国尤其是西方的表现注重写实和重塑。中国艺术注重"气"，讲究虚实结合。可以从中国诗歌里看出来。大部分文人喜爱的是直抒胸臆、富有豪情的抒情文章，而西方则以叙事和史诗见长。也可以看中国的绘画作品，尤其是中国国画，讲究的是传达一种精神，整个构图常常是概括性、笼统性的，见图 7-4。而西方的绘画史上很早就开始有油画等彩色颜料的出现，对人物的勾画注重写实和再现。

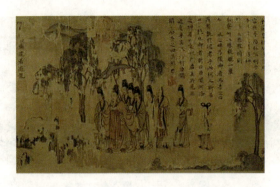

图 7-4 《洛神赋图》（宋代摹本）

绘画艺术之美，美在作品深刻的思想内涵和形式的完美结合。作为一种视觉艺术，其审美价值体现在造型、色彩、构图等多个方面。

（1）造型之美　绘画作品中的形象塑造是审美价值的核心。艺术家通过线条、色彩、形状等手法，创造出具有生动表情和丰富内涵的视觉形象，使观者产生共鸣。线条是造型的最基本元素，在绘画中起到了连接和分隔的作用，能够表现出物体的形状、轮廓和质感等。在绘画中，可以运用不同的线条来表达不同的效果，如直线、曲线、粗线、细线等。灵活运用线条可以使画面更加生动和有趣。

（2）色彩之美　色彩是绘画作品中极具表现力的元素，它可以传达出不同的情感和氛围。恰当的色彩搭配能够增强作品的感染力和视觉冲击力。色彩由色相、明度、纯度三要素构成。在绘画中，可以通过色彩的明暗、冷暖和对比等来表达出画面的层次感和立体感。也可以通过运用色彩的纯度和明度来表现出物体的质感和光影效果。色彩还具有情感意义与象征意义。例如，红色表达欢乐、喜庆的情感，象征光明、热烈。当然，色彩很难完全被理性衡量，不同的人对于色彩会有各自不同的感受。色彩关系的运用直接关系到绘画作品的审美情趣。

（3）构图之美　构图是绘画作品的基本骨架，它使画面呈现出有序、平衡的视觉效果。艺术家通过巧妙地安排画面元素，如主体与陪体、空间关系等，使作品具有较高的审美价值。构图是绘画艺术最重要的元素，其主要语汇是几何图形，包括三角形、正方形、长方形、圆形、波浪形、S 形等。

（4）意境之美　意境是绘画作品所展现出的精神内涵。优秀的绘画作品常常具有深邃的意境，引导观者产生联想和想象，从而达到审美的高峰。

欣赏绘画作品时，观者可以从以下几个方面入手：

（1）作品背景　了解作品的创作背景，如历史时期、艺术家生平等，对理解作品内涵具有重要意义。美术作品可说是作者形象化的自传，是作者人生态度、审美价值的具体表现，即所谓的"画如其人"。同时，一幅绘画作品往往是一个时代生活的映射，也体现着一个时代的本质特征，没有对作品创作背景进行了解，就无法深刻体会作品的精妙之处和创新之处。

（2）技法特点　分析作品中的线条、色彩、构图等技法特点，领略艺术家的独特风格和技艺水平。中国画以毛笔为工具，通过不同的运笔方式和墨色的变化来表现物象的形态、质感和色彩。这种独特的技巧使得中国画的线条流畅自然，富有韵律感和节奏感。

（3）立意主题　探究作品所表达的主题思想、主旨立意，体验作品的精神内涵。作者对客观事物的认识、产生的情感会通过绘画的内容、形式表达在作品中，中国画就有"意在笔先，画尽意在"的哲理和方法，所以欣赏画作要注意作品的立意。作品的立意有高低之分，意境深远的作品更耐人寻味，给人以共鸣。

（4）社会影响　了解作品在社会历史进程中的影响和地位，以更全面地评价其价值。

总之，绘画作为一种丰富多彩的艺术形式，不仅展现了艺术家们的才华和创造力，还为广大观众带来了无尽的审美享受。通过学习和鉴赏绘画作品，我们可以提高自己的审美能力，丰富精神世界。

第二节　绘画表现

绘画是美术中最主要的一种艺术形式。它使用笔、刀等工具，墨、颜料等物质材料，通过线条、色彩、明暗及透视、构图等手段，在纸、纺织品、木板、墙壁等平面上，创造出可以直接看到的，并具有一定形状、体积、质感和空间感觉的艺术形象。这种艺术形象，既是现实生活的反映，也包含着作者对现实生活的感受，反映了画家的思想感情和世界观，同时还具有一定的美感，使人从中受到感悟和美的享受。

各国的绘画在审美情趣、艺术表现形式、艺术风格等方面有着明显的区别。一般认为，从古埃及、波斯、印度和中国等东方文明古国发展起来的东方绘画，与从古希腊、古罗马绘画发展起来的以欧洲为中心的西方绘画，是世界上最重要的两大绘画体系。而中国画与油画分别代表着东西方绘画体系的主流。在中西绘画间既有着各自鲜明而独特的个性，又有着相互联系而统一的共性。

一、中国画艺术表现

1. 中国画表现之一——笔墨

中国画强调笔墨的运用，将墨分为浓淡、干湿、枯墨等不同层次，水墨的变化是极为丰富的。古云"无笔、无墨不成画"，只有墨而无笔立不起来，宜软、平、灰、肉。反之，有笔而无墨也缺乏表现力。墨的效果是靠笔运出来的，笔之轻重也是靠墨来呈现的，因此笔墨的关系是相辅相成的。宋韩拙曰："笔以立其形质，墨以分其阴阳"（《山水纯全集》）。运笔一要勾出造型，二是表达质感。线描是中国画的主要特点和主要表现手段，中国画之"线"，是具有生机活力的有生命的线，运动的线，是寄寓作者的人格与性灵的线。见图7-5。下面谈谈中国画笔墨技法中的有关问题。

（1）笔（勾、皴、染、擦、点），见图7-6。

（2）纸本水墨五墨（焦墨、浓墨、重墨、淡墨、清墨），见图7-7。

（3）六彩（黑、白、浓、淡、干、湿）

① 浓破淡——为淡墨增加层次，不同墨色自然交融，使画面更加和谐。淡破浓——淡墨覆在浓墨上，浓墨缓慢渗透，减少色块脱节的现象。见图7-8。

图 7-5　黄秋园《嶙峋山色山水》

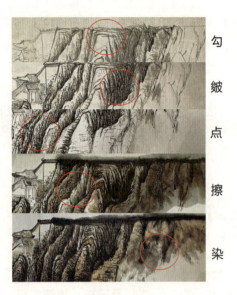

图 7-6　笔

勾 皴 点 擦 染

图 7-7　五墨

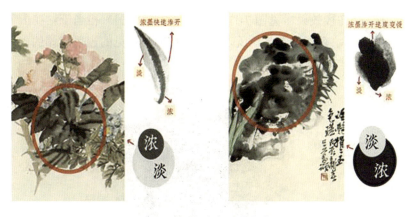

图 7-8 浓破淡和淡破浓

② 干破湿——在淡墨的基础上以点丢或皴擦的方式赋予一定肌理效果。湿破干——在干墨上覆盖一层湿墨，适当融合，增强物体的体积感。见图 7-9。

2. 中国画表现之二——章法

章法，是画面的布局，即构图。"细细看，面面观，看得透，窥其穿"。见图 7-10。

图 7-9 干破湿和湿破干

图 7-10 黄宾虹山水小品

三远法包括平远、高远、深远，"三远法"是指构图的视觉角度，是中国山水画的特殊透视法，它是一种散点透视法，以仰视、俯视、平视等不同的视点来描绘画中的景物，打破了一般绘画以一个视点，即焦点透视观察景物的局限。

（1）"高远法"是仰视效果，见图 7-11 范宽《溪山行旅图》相当于站在山下往上看。气势高大雄伟，震撼人心，有阳刚之气，反映的是一种仰视所见的巍峨宏伟的山势。

图 7-11　范宽《溪山行旅图》

（2）"平远法"是平视效果，相当于站在平地上往前看，自近山而望远山，反映的是一种平视的境界，塑造的是"山随平视远"的那种艺术效果，见图 7-12。

图 7-12　龚贤作品

（3）"深远法"是通过控制山峰的高低、远近、虚实等因素来表现山的层次和深度。郭熙在《林泉高致》中提出了"自山前而窥山后"的构图原则。实践中可以通过以下步骤实现：

确定画面的中心点,以中心点为起点画出主山脉的形状,控制山峰的高低和远近,注意山峰之间的比例关系,控制笔触的轻重和虚实,适当地添加云等元素。这种构图方法对画家的空间感和艺术修养要求较高,需要不断地积累经验和技巧。绘山中初春之景,以高远、平远、深远相结合构图,绘群山高耸,薄雾笼罩山间,松柏枝干虬曲,枝头变绿;山涧泉水汩汩,汇入谷底清溪中,一派早春欣欣向荣之景,见图7-13。

图 7-13　郭熙《林泉高致》

南宋画家马远《寒江独钓图》画面只画出一叶轻舟和一个老渔翁,以及淡淡几条水波,也留下了大量的空白。然而,它却淋漓尽致地表现出如诗一般的境界。可见,中国画构图的空灵是以虚代实、计白为墨,拓展人的思维空间,增强画面的气韵和活力。见图7-14。

图 7-14　马远《寒江独钓图》

3. 中国画表现之三——设色

中国画的设色,用墨取代用"随类赋彩""以色貌色"强调固有色,可以主观赋色。以山水画为例,它不仅需要精妙的笔墨和构图,也离不开设色。故而,若想画好山水画,就必须得熟练掌握设色技法。

设色,意即用颜料渲染,从而呈现出多种绚丽的色彩。色彩乃山水画的一个重要组成部分,因而历代名家皆颇为重视。传统的山水画设色技法主要分为水墨淡彩、青绿、浅绛、泼彩等几种。水墨淡彩,即以水墨为主,用色少而淡。见图7-15。

图 7-15　戴进《月下泊舟图》

青绿山水（金碧山水）分为大青绿与小青绿,大青绿是以色为主,多勾廓,皴笔较少。而小青绿是指以水墨淡彩或浅绛色为基础,略微染上石青与石绿。见图7-16。

图 7-16　王希孟《千里江山图》

浅绛山水,主要是用赭石色染色,并加入一些花青色等。见图7-17。

泼彩则主要是用浓艳的色彩,对比鲜明,色调明快。泼彩山水,前有张大千一脉,但宋文治的泼彩是没骨的,气韵是现代的,在此与张大千先生拉开了距离,泼彩山水画也可以做到清新典雅。见图 7-18。

图 7-17　石涛　浅绛山水

图 7-18　张大千《碧峯云瀑》

4. 中国画表现之四——诗画、书画、提款及印章

书画同源，诗中有画，画中有诗；诗是无形画，画是有形诗。题字，乃画龙点睛之笔。印章，不可或缺。见图 7-19。

图 7-19　倪瓒《墨竹》

二、油画的艺术表现

中西绘画间存在着差异，其根源是中西方的哲学观念、人的思维形式、审美情趣的不同而形成的。东方人内向，追求含蓄美，理性地认识世界，认为气是构成万物的根本。西方绘画（油画）是严谨的、科学的、具象的、写实的，遵循事物规律，表现客观世界的一种绘画形式。他们用几何学研究绘画透视，运用光学来指导绘画色彩，采用固定的、静止的观察方法，有感情地、精确地描绘实体形象。正如达·芬奇认为数学透视法是"绘画的舵轮和准绳"一样追求造型的严谨与写实。西方绘画强调描绘事物的外形特征，是科学性的思维，表现了感性的物质世界。色彩是油画中最直接、最具表现力的元素之一。油画重视色彩的综合分析与运用，客观地表现物体的固有色、光源色、环境色及其相互关系，它是自然色光的真实写照和科学处理。17世纪之前油画家所使用的色彩还比较单调，主要在室内光线下作画，只表现物体的"固有色"。

17世纪之后，由于科学家牛顿光学说的确立，人类从本质上认识了色彩。色彩的形成实际上是一定波长的光，画家由此受到启示，建立了科学的色彩学理论。所以油画色彩鲜明而丰富，有着纯度、明度、冷暖等变化。画家可以通过对色彩的巧妙运用，使画面更具生动性和感染力。例如，通过冷暖对比，可以使画面产生强烈的视觉冲击力。暖色调可以让画面充满温暖、柔和的氛围，而冷色调则显得冷静、神秘。此外，通过明暗对比，可以使画面更加立体和富有层次感。明色调可以让画面显得明亮、通透，而暗色调则可以让画面显得深邃、厚重。同时，画家还可以通过对色彩的混合和调配，创造出各种特殊的效果。例如，通过半透明、磨砂等手法，可以使画面更具质感和立体感。这些丰富的色彩表现手法，使得油画作品具有很高的艺术价值和观赏性。见图7-20。

图7-20　莫奈《干草堆》

油画遵循焦点透视法则，它受时空制约，采用静止的、固定的观察方式。构图上它只有一个视点、一个视域、一条视平线。其表现形式有严格的规范，对画面中的物象有严格的透视成像要求和比例条件限制。意大利文艺复兴最杰出的画家达·芬奇的油画《最后的晚餐》与画家拉斐尔的油画《雅典学院》等作品都是运用焦点透视的典范之作。采用散点透视与焦点透视是中西绘画表现形式的区别之一。见图 7-21。

图 7-21　拉斐尔《雅典学院》

在画面构图表现上，油画强调构图的充实，画面的每一个细小局部都不容忽视地、真实地展现客观的存在。即使是画天空上的白云，也得应用多种颜色来进行塑造，如果画面出现一块白布或白房子也不能不画上色彩。因为一切物体都受其光源的影响，时间、天气、光线的不同，物体也随之受其变化。所以画面不可能留下空白纸，处处都应着笔表现出来。当然油画在表现手法上也强调主次、虚实的对比，但就画面形式而言，整个画面是充实的。如英国画家康斯太勃尔《干草车》的天空和水面，花了大量的笔触来表现，云海茫茫，浮云翻滚，暴风雨即将来临，地面忽然暗淡下来，水面也变成了色彩的乌云之色，然而远处天边一道光亮，带来了光明和生机。画家真实地描绘了大自然的景象。见图 7-22。

图 7-22　康斯太勃尔《干草车》

古今中外，油画最基本的技法有三：一是北欧尼德兰画派，以杨·凡·艾克为代表的透明薄涂画法；二是南欧意大利画派，以威尼斯提香为代表的不透明厚涂画法；三是以佛兰德斯画家鲁本斯为代表的融合南北技法暗部透明薄涂、亮部不透明厚涂的折中画法。17 世纪以后的画家，虽具有各自风格和独特技法，但都没有脱离开这三种基本的传统油画技法。从欧洲油画发展史的角度看，油画是从蜡画法、蛋胶画法上逐渐地发展起来的。到了 15 世纪，由杨·凡·艾克兄弟完成了以胶为介质向油为介质的转换。由于材料技法上的革新，使油画的表现力得到充分的发挥，使其作品在深入性和完善性上产生了很大的飞跃。因此，以 15 世纪的杨·凡·艾克兄弟为代表的尼德兰画派，是油画发展史上的一个重要转折点。到了 17 世纪，经过几代艺术家们的不断完善，使油画艺术的表现形式又产生了一个重要的转折，即由多层次的罩染法逐步发展成为综合型的表现方法和直接画法，大大地丰富了油画的表现语言与技巧，使其日臻完善。见图 7-23～图 7-25。

图 7-23　杨·凡·艾克《阿尔诺芬尼夫妇像》

图 7-24　提香《女子肖像》

图 7-25　鲁本斯《老虎、狮子与猎人》

尽管东西方绘画各具特色，但它们之间也有着许多共通之处。例如，对美的追求、对人性的挖掘、对自然的敬畏等。此外，随着全球化的推进，东西方绘画的交流和融合也日益增多，使得现代绘画艺术更加多元化、丰富化。

值得一提的是，绘画艺术在我国的发展历程中，不仅承载着传统文化和民族精神，还不断创新、发展。从古代的壁画、卷轴画到现代的水墨画、实验艺术，中国画在继承传统的基础上，积极探索新的表现手法和审美取向。而油画在中国的发展，也呈现出独特的民族风格和地域特色。

总之,绘画的艺术表现形式丰富多样,东西方绘画各具特色,相互借鉴、共同发展。在当代艺术领域,绘画仍然具有极高的价值和影响力。让我们一起欣赏和传承这门千变万化的艺术,感受东西方文明碰撞出的璀璨火花。

第三节 绘画文化

一、中国画艺术

要想画好、读懂中国画,务必先在文化修养、文化熟悉上下功夫。了解传统文化价值观在绘画艺术中的重要性。不从根本的树法、石法、云法、构图等概括环节入手教学,主要是由于中国画学的传统在于"先立意、后入手"。蔡邕《书论》说:"书者,散也。欲书先散怀抱,任情恣性,然后书之。",理寓于法,法成于理,理法一体,我们既可以由法寻理,也可以由理入法。若能一理通,那么百理通,然后以理入画,指导艺术实践,当可高屋建瓴,事半功倍。因此,可以先从画理上正本清源。

1. 魏晋南北朝时期的绘画

魏晋南北朝以人物肖像画为主要创作主题,对形的掌握已有相当高的水平。顾恺之即提出了"传神写照"的著名论点。要求绘画作品应注重表现人物的风貌、气质,开中国画重"气韵"之先河。东晋顾恺之的《洛神赋图》是这一时期的重要作品。见图7-26。

图7-26 顾恺之《洛神赋图》局部

2. 隋唐时期的绘画

隋唐时期是中国画发展的一个高峰。初唐时期人物画发展最显著,山水画则沿袭隋代的细密作风,花鸟画开始崭露头角,宗教绘画的世俗化倾向逐渐明显。盛唐时期是中国绘画发展史上一个空前繁盛的时代，不仅出现了一些艺术巨匠，而且绘画风格焕然一新。随着山水画获得独立地位，涌现出如李思训、李昭道、吴道子等一批风格迥异的画家。见图 7-27。

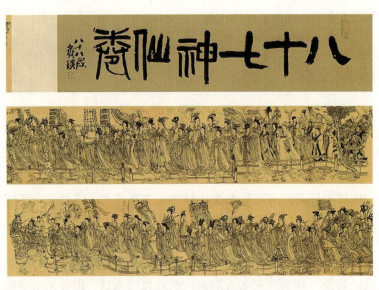

图 7-27　吴道子《八十七神仙卷》

3. 宋代时期的绘画

宋代文人画带来的审美观念变化是导致中国画风格演变的重要原因。与唐代绘画酷爱浓墨重彩不同，宋代艺术偏好黑白淡雅水墨，以感性的"意境"表现形式来表达对现实的人文精神和审美判断。宋朝审美强调人文精神，宋朝审美已经演变成为中国艺术史中一个独特的美学符号。宋代山水创作一度繁荣。北宋崇"北宗"，上承唐之青绿山水和荆关的全景山水。南宋山水画的代表人物主要是号称"南宋四家"的李唐、刘松年、马远、夏圭。他们各自在继承前代的基础上有所创造，山水画风为之一变，出现"一角半边"式的构图及所谓"院体"画风，对《宣和画谱》后世的山水创作有极为重要的意义。黄筌与黄居寀父子的"黄家富贵"已经占据画院主流并为宫廷所推崇，徐熙的"野逸"只好于民间发展，其孙徐崇嗣继其祖业，创"没骨法"，别具一格。郭若虚的《图画见闻志》和《宣和画谱》，均论述要表现出各阶级的不同人物性格和不同的精神状态，如，苏轼的《传神记》和陈造的《论传神》提出了如何捕捉人物的神态。直到北宋郭熙、郭思的《林泉高致》，才明确山水画中使用了"境界"。另外，宋徽宗赵佶的精笔水墨花鸟是一种新的创造。宋代画家不拘成法，以写生为基础，创造出大量生动多样的艺术精品。见图 7-28、图 7-29。

在北宋中后期，其绘画不再关注线条和气势，而是追求内在的魅力，准确地描绘物体的外在形象，充分表达画家的内在感受。逼真的全景山水画发展到了极致，并发展成为宋代艺术的极简主义美学。"大道至简"应运而生。宋代的审美观念"大道至简"，是为了摒弃不必要的过度雕刻，追求内在美，追求内涵的朴素。简单包含最高状态的含义。宋人掌握了朴素与优雅的完美结合，运用独特的简洁造型和高雅的新鲜感，演绎出对自然生物的敏锐感知，阐释了中国文化的深厚底蕴和中国艺术的美学内涵。

图 7-28 《宣和画谱》

图 7-29 宋徽宗《花鸟》

4. 元代时期的绘画

元代带来审美意识的变异，中国画风格总的发展趋势是重视在古代传统的继承上创新立意，突出表现就是文人画开始占据画坛的主导地位。因此，适合于表现文人画家意识的山水画和枯木、竹石、梅、兰及墨笔花鸟大量涌现，人物故事画相对减少。随着文人画的繁荣，绘画作品中诗、书、画进一步密切结合，而且成为普遍的风尚。这加强了中国画的文学趣味，更好地体现了中国画的民族特色。元代时间虽然不长，但是在绘画上却是名家辈出，成就可观，有赵孟頫、黄公望、王蒙、倪瓒、吴镇等。见图 7-30。

5. 明代时期的绘画

明代中国画在明代产生了许多流派，各派又在创作和理论上自成体系。以吴门画派为代表的文人写意水墨画，山水题材重意趣和文雅淡逸。写意花鸟继元代后大胆创新，变化突出，对后世影响深远。晚明又有董其昌提出文人画的"南北宗论"之说，将文人画推为至尊，对清代的山水画风格具有深远影响。见图 7-31。

图 7-30 黄公望《写山水决》

图 7-31 沈周《庐山高图》

6. 清末民初时期的绘画

清代文人画日益占据画坛主流，山水画及水墨写意画盛行。清初"四王"（王时敏、王鉴、王原祁、王翚）受皇室扶植，成为画坛正统派，他们以摹古为主旨，崇尚董其昌和元四家（有二说），一说是指赵孟頫、吴镇、黄公望、王蒙，二说是指黄公望、王蒙、倪瓒、吴镇），讲求笔墨之韵，影响整个清代山水画坛。同时"四僧"（弘仁、髡残、朱耷、石涛）和龚贤领导的"金陵派"等反传统画家在江南兴起，他们主张抒发个性，因此，作品风格新颖独特，感情真挚，其中"四僧"贡献最为突出，对后世影响也最大。"康乾盛世"时期，宫廷绘画在皇室扶持下活跃一时，"扬州画派"兴起于扬州地区，接过石涛、朱耷的"反传统"旗帜，以革新的面貌现于画坛。他们钟爱梅、兰、竹、菊等题材和泼墨大写意手法。他们的艺术创作对近现代花鸟画产生了深远影响。见图 7-32、图 7-33。

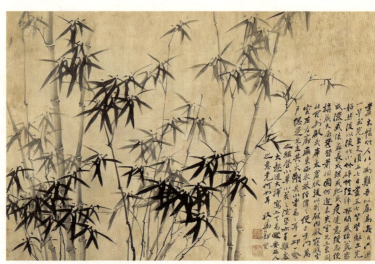

图 7-32　明末清初八大山人《花鸟》　　图 7-33　郑板桥《墨竹》

鸦片战争后，随着西方文化的传入，要不要接受西方艺术，怎么样接受西方艺术，怎么样保持本土艺术的面貌，成了 21 世纪中国画家思考最多的问题。清末民初的绘画几乎可以用"萧条"二字概括，只有以吴昌硕为代表的海派画家及岭南派的"二高一陈"（高剑父、高奇峰、陈树人）出现，才使得中国画坛有了生气。同时，接受了新思想和革命洗礼的艺术家开始仿照西方的模式开办新学校，倡导"美术革命"，对古代绘画重新加以评定。

7. 新中国时期的绘画

1949 年，中华人民共和国的成立标志着中国进入了一个新的历史时期，许多已有成就的老画家艺术创作臻于成熟，一批新人也开始登上画坛。特别是 20 世纪 80 年代伊始，美术界冲破多年的思想禁锢，各种思潮迭起，流派纷呈，涌现出一大批优秀的美术家。他们以独特的面貌延续了中国数千年美术史的辉煌，创作了众多经典的艺术杰作。见图 7-34。

图 7-34　齐白石《虾》

二、油画艺术

油画的发展经历了丰富多样的阶段，随着时间的推移，它不断演变和进步，形成了各种不同的风格和流派。

1. 文艺复兴时期的绘画

欧洲中世纪后产生了文艺复兴运动（14～16 世纪）。文艺复兴时期是油画艺术发展史上一个至关重要的时期。在这个阶段，艺术家们开始探索并采用更为精湛的油画技术，以实现更加逼真、生动的绘画效果，将色彩的运用、光影的表现以及透视法的应用发展到了一个新的高度。例如，达·芬奇卓越地运用了一种被称作"多层画法"的技术，通过在画布上逐层覆盖颜色，使得画面呈现出一种深邃且富有层次感的艺术效果，使观者仿佛置身于画中世界，感受每一个细节的生动和真实。壁画《最后的晚餐》、祭坛画《岩间圣母》和肖像画《蒙娜丽莎》是他的三大杰作，也是他留给世界艺术宝库的珍品。见图 7-35。

文艺复兴时期艺术的显著特点是关注现实与人文，在追溯古希腊、古罗马的精神旗帜下，创造了最符合现实人性的崭新艺术。这个油画艺术蓬勃发展的时期涌现出了两个十分重要的画派：佛罗伦萨画派与威尼斯画派。

图 7-35 达·芬奇《最后的晚餐》

佛罗伦萨画派是意大利文艺复兴时期在经济和文化中心佛罗伦萨形成的一个重要画派。该画派把中世纪的平面装饰风格改变为用集中透视、有明暗效果、表现三度空间的画法，注重素描和用线造型。

这个画派代表画家有乔托、达·芬奇、米开朗基罗、拉斐尔等。乔托被视为西方绘画的开创性大师，他是第一个把写实风格和明暗远近法结合起来的艺术家，其代表作有《逃亡埃及》（图 7-36）、《犹大之吻》等。

图 7-36 乔托《逃亡埃及》

威尼斯画派兴起于 15 世纪后半期，也就是佛罗伦萨画派衰退之后新兴起来的。艺术家在艺术创作上可以天马行空，具有浓厚的享乐思想。艺术风格受拜占庭及北欧的影响，注重作品的色彩、笔触、造型等因素。威尼斯画派里面最杰出的大师当属提香。作为"群星中的太阳"熠熠生辉，用他艺术中柔美的质感，细腻的光与影，鲜艳的色彩，精巧而富有神韵的构图，享乐主义的情调，呈现给观者无穷的感官震撼。见图 7-37。

图 7-37　提香《圣母的神殿奉献》

文艺复兴时期油画的繁荣发展，使得这一时期成为艺术史上一个不可磨灭的里程碑。这一时期的艺术家们通过不断探索和创新，推动了油画技术的进步，为我们展现了一个个精彩绝伦的艺术世界。

2. 17～18 世纪的绘画

17 世纪出现了很多富有民族特色的画派，各派的艺术家，特别重视本民族艺术传统和本土的现实生活反映。由于时代的变迁，人们的审美观念也发生了巨大变化：在文艺复兴时期主要强调和谐、宁静、理想的美，而 17 世纪的美术创作，则强调打破和谐，主张真实自然的美，强调了油画的光感，运用色彩冷暖对比、明暗强度对比、厚薄层次对比进行光感的创造，形成画面戏剧性气氛。

17 世纪的西方绘画开创了一个生机勃勃的新局面。最具代表性的是巴洛克、古典主义、学院派和写实主义等流派。巴洛克艺术时期的到来，为油画带来了更加丰富的表现形式。巴洛克风格强调光影效果和戏剧性的构图，艺术家们运用明暗对比和富有动感的姿态塑造，创作出了富有磅礴气势和感情表达的作品。鲁本斯是巴洛克绘画的代表人物，他的作品以戏剧性的构图、饱满的色彩和有力的造型为其特色，并着力歌颂人的力量和美。《甘尔迈斯》（即《农民的舞蹈》）、《西林纳斯醉酒》、《罗西普的女儿被劫》是他具有代表性的作品。

古典主义强调理性、形式和类型的表现，忽视艺术家的灵性、感性和情趣的表达。写实主义拒绝遵循古典艺术的规范及"理想美"，也不愿意对自然进行美化，即忠实地描绘自然。荷兰画派的卓越代表是伦勃朗（1606—1669 年），他是杰出的现实主义者，是肖像画、历史画、风俗画和风景画的大师。他的艺术创作超出了荷兰画派的范围，而具有世界意义。早年作品追求细致完整，后期转为写意。他的技法的主要特点是巧妙地运用了明暗法，不仅采用聚光式的构图，而且通过明暗的虚实效果，表现了深刻的内心世界，并善于运用笔法表现物象的质感。18 世纪，西方画坛洛可可风格兴盛一时，其特点是追求华丽、纤巧和精致。代表画家有法国的乔托、布歇和弗拉戈纳尔。随着 1789 年法国资产阶级大革命的到来，进步的美术家们又一次重振了古希腊、古罗马的英雄主义精神，开展了一场新古典主义艺术运动。其代表画家是法国的大卫和安格尔。浪漫主义随着新古典主义的衰落而兴起。法国泰奥多尔·席里柯（图 7-38）被视为浪漫主义绘画的先河。浪漫主义画派的代表还有德拉克洛瓦，其绘画色彩强烈、用笔奔放、充满强烈的激情，代表作有《希阿岛的屠杀》和《自由引导人民》等。

图 7-38　泰奥多尔·席里柯浪漫主义绘画

3. 19 世纪的绘画

19 世纪欧洲油画的发展，带有跃进式的特点，从而西方油画发生了根本性变化。传统油画比较狭窄的艺术功能和一体化的写实手法已经达到自身体系的高度饱和，因而在哲学观念、艺术观念的变革中趋于解体。艺术家将油画形式作为表现自己精神与情感世界的媒介，以想象、幻想等方法构造作品。

19 世纪的欧洲绘画的发展大致分为新古典主义、浪漫主义、现实主义、印象主义、新印象主义和后印象主义等阶段。19 世纪中期是现实主义蓬勃兴旺的时期。法国画家库尔贝是现实主义的倡导者，他的代表作有《奥南的葬礼》等。

19 世纪后期产生的印象派以创新的姿态出现，反对当时已经陈腐的古典学院派的艺术观念和法则，其受到现代光学和色彩学的启示，注重在绘画中表现光的效果。代表画家有马奈、莫奈、德加、毕沙罗、雷诺阿、西斯莱等。继印象派之后出现了以修拉、西涅克为代表的新印象派和以塞尚、凡·高、高更为代表的后印象派。其中凡·高的绘画着力于表现自己强烈的情感，色彩明亮、线条奔放；高更的绘画多具有象征性的寓意和装饰性的线条与色彩；塞尚的绘画追求几何性的形体结构，因而他被尊称为"现代艺术之父"。见图 7-39、图 7-40。

图 7-39 莫奈《日出印象》

图 7-40 梵高《乌鸦群飞的麦田》

4. 20 世纪的绘画

20 世纪以来,现代美术呈现出流派迭起、千姿百态的局面。1905 年诞生的以马蒂斯为代表的野兽派绘画,强调形的单纯化和平面化,追求画面的装饰性。见图 7-41。

图 7-41 马蒂斯《红色的和谐》

1908 年崛起的以毕加索和布拉克为代表的立体派绘画继承了塞尚的造型法则,将自然物象分解成几何块面,从而从根本上挣脱了传统绘画的视觉规律和空间概念。随着德国 1905 年桥社和 1909 年蓝骑士社的先后成立,表现主义作为一种重要流派登上画坛,他们注重表现画家的主观精神和内在情感。1909 年,意大利出现了未来主义美术运动,画家热衷于利用立体主义分解物体的方法表现活动的物体和运动的感觉。抽象主义的美术作品于 1910 年前后产生,其代表人物有俄罗斯画家康定斯基和荷兰画家蒙德里安,而两人又分别代表着抒情抽象和几何抽象两个方向。见图 7-42。

图 7-42　康定斯基《构图八号》

第一次世界大战期间产生了达达主义思潮,这一流派的艺术家不仅反对战争、反对权威、反对传统,而且否定艺术自身、否定一切。杜尚将达·芬奇的《蒙娜丽莎》画上胡须,并将小便池作为艺术品。随着达达主义运动的消退,在此基础上出现了超现实主义艺术思潮。此派画家以柏格森的直觉主义、弗洛伊德的精神分析学和梦幻心理学为理论基础,力图展现无意识和潜意识世界。其绘画往往把具体的细节描写与虚构的意境结合在一起,表现梦境和幻觉的景象。代表画家有恩斯特、马格利特、达利、米罗等。见图 7-43。

图 7-43　马格利特《天降》

第二次世界大战后，在美国产生的以波洛克、德·库宁为代表的抽象表现主义绘画，综合了抽象主义、表现主义的特点，强调画家行动的自由性和自动性。20 世纪 50 年代初萌发于英国，20 世纪 50 年代中期鼎盛于美国的波普艺术，继承了达达主义精神，作品中大量利用废弃物、商品招贴、电影广告和各种报刊图片做拼贴组合，故又有新达达主义的称号。代表人物有美国画家约翰斯、劳生柏、沃霍尔等。见图 7-44。

图 7-44　安迪·沃霍尔《玛丽莲·梦露》

至今，油画作为一种重要的艺术形式仍然存在，并且在全球范围内持续发展。现代艺术家们运用各种媒介和技术，将油画与其他艺术形式相结合，创造出更加多样化和前卫的作品。油画的发展不仅丰富了艺术的表现手法，也延续了人们对于美的追求和创造力的无限探索。

第八章
建筑之美

思政目标

1. 引导学生关注实用性，追求审美价值，通过学习软装设计，提升学生对美的感知和理解，培养高尚的审美情趣，在日常生活中能够发现美、欣赏美、创造美，为学生的全面发展提供有力支持。

2. 引导学生在软装设计中融入中国传统文化元素，如中式家具、传统图案、色彩搭配等，通过深入了解这些文化元素的内涵和价值，增强对中华文化的认同感和自豪感，塑造坚定的文化自信。

二维码8

第一节　建筑审美

建筑是凝固的艺术，它起源于人类劳动实践和日常生活，起着遮风雨、避灾害的作用。早在原始社会末期，人们在造房子时就开始考虑实用与美观。恩格斯认为，到了原始社会高级阶段的全盛时期，已经有了"作为艺术的建筑的萌芽"。中国古建筑更是凝聚了中国劳动人民的智慧和才华，展现出了时代风貌和民族特色，成为至今仍让人赞叹不已的艺术瑰宝。

一、建筑的造型之美

建筑的造型美是指建筑物形体呈现的形式美。具体表现在建筑物的比例、体量、色彩装饰以及建筑物与周边环境的和谐关系等诸多方面。建筑通过寓动于静和动静结合的造型手法展现造型美。建筑物的参差错落、纵横穿插、形体变化、空间组合、色彩对比和线条流动，都能巧妙地表现建筑的造型之美。

中国古代建筑艺术历史悠久，在世界建筑艺术中自成体系，对亚洲一些国家的建筑产生了重要的影响。虽然经历几千年，但始终保持着独特的体系，与欧洲的古代建筑艺术相比，中国古代建筑艺术具有鲜明的艺术特征，这些主要艺术特征，既是中国古代建筑艺术的基础知识，也是欣赏中国古代建筑艺术作品的基本途径。

中国古代建筑的外部造型有虚有实、曲线丰富、轮廓柔和，稳重之中又富有变化；细节以柔和的线条和丰富的曲线来营造一种柔和的自然之态，表现出与自然协调的意念。见图 8-1。

（一）巧妙而科学的木结构体系

中国古建筑在结构方面尽木材应用之能事，创造出独特的木结构形式，以此为骨架，既满足了实际的功能要求，又创造出优美的建筑形体以及相应的建筑风格。木构架之所以能成为中国长期广泛使用的主流建筑类型的主要结构体系，必然有其独特的优势，具体表现在以下几个方面。

1. 承重与围护结构分工明确

建筑物上部屋顶与房檐的重量都经由梁架、立柱传递至基础，房屋荷载由木构架来承担，外墙不承重，起遮挡阳光、隔热防寒等围护作用，而不是承担房屋重量的结构部分；门窗等的配置也不受墙壁承重能力的限制；内墙起分隔室内空间的作用。

中国建筑的梁柱是主要的承重构件，房屋的墙壁不负荷重量，犹如皮肉附着于骨架，门窗与墙壁的设置有极大的灵活性，比如四根柱子，都不加墙可能就是一个亭子，如果三面有墙，沿着院子这面全部开门窗，就可以是房。见图 8-2。

图 8-1　中国古建筑　　　　　　　　　　图 8-2　趵突泉

2. 适应性强

木结构建筑不仅体量轻盈，与人体的比例适宜，且材料出自天然，居住和使用都相对舒适。木构架结构能灵活地适应各种地形，既能把单体建筑聚合成重重院落，形成庞大的建筑组群，又能依山傍水建构楼阁亭榭，不受高低不同的限制，这就为建筑组群的空间布局带来极大的可能性。只要在房屋的高度、墙壁的材料和厚度以及窗户的位置和大小等方面加以变化，便能广泛适应各地区不同的气候条件。见图 8-3。

3. 施工速度快、维修方便

与西方石头建筑相比较而言，中国木结构建筑更省时省力，更具实用性。木料从采集、运输、加工一直到建造都比石料容易得多。以木材作为建筑原料，在建造房屋时便于标准化营造，因木材加工较易，唐宋以后类似模数制的应用、构件式样的定型，使各构件可以同时加工，然后组合拼装，可节约大量人力、物力和时间，避免因大规模、长时间集中劳役而耽误农时，破坏生产。这应是中国传统建筑始终坚持使用木结构建筑体系的一个重要原因。

图 8-3　故宫全景

4. 有较强的抗震性能

中国建筑的梁柱框架结构的抗震性能较强。木质梁柱框架结构的组合采用榫卯连接，属柔性结构，构架各节点榫卯有若干伸缩余地，能够承受突然和猛烈力量的袭击，不至于发生材料与构件之间的断裂，在一定程度内可减少由地震对这种构件所引起的危害。见图 8-4。

（二）富有装饰性的曲线屋顶

1. 外部造型优美独特

建筑不仅仅是技术科学，而且是一门艺术。屋顶是中国古典建筑中最突出的形象，一般面积较大，而且出檐很远，因为只有出檐大，方能挡住雨水侵袭墙体。越重要的建筑，屋顶占有分量越大，越显其严肃尊贵。古代匠师们运用木结构的特点，创造出屋顶举折和屋面起翘、出翘，挑出的屋檐，形成像鸟翼展飞的檐角和屋顶各部分柔美的曲线，其艺术表现力最强，与墙体的直线形成对比，成为中国古代建筑重要的特征之一。见图 8-5。

图 8-4　古建筑榫卯结构

图 8-5　故宫宫殿外部造型

中国建筑很讲究形体的曲线，屋顶是向上的凹曲线，形成向上微翘的飞檐，不但扩大了采光面，还有利于排泄雨水。由于屋顶是曲面的，檐口是曲线，四个屋角向上起翘，昂首向天，直冲云霄，这样的形式使中国古典建筑外部轮廓庄重而又不乏动感，即使硕大的屋顶也显得轻盈灵动、曲折飘逸。

2. 屋顶的基本样式

中国古代建筑的屋顶，简直可以变化出无数的组合形式，其造型十分复杂。中国建筑屋顶形式不少于四十余种，这在世界上也是独一无二的，其数量之多堪称世界之最。

屋顶对建筑起着特别重要的作用，硬山、悬山、歇山、庑殿、攒尖、十字脊、盝顶、重檐等众多屋顶形式的变化，加上灿烂夺目的琉璃瓦，使建筑物的体形和轮廓线变得愈加丰富。见图8-6。

这些屋顶式样早在汉代就已基本形成，此后经各个朝代的改进，屋顶的式样更加科学和精巧。逐步发展成为一套专门的制度，政治上的需要压过了形式上的追求，成为古代等级制度的一种反映。中国建筑的基本屋顶形式，按等级高低依次是"庑殿""歇山""悬山"和"硬山"。这些屋顶组合变幻无穷，实属中国建筑之瑰宝。

3. 斗拱结构

斗拱是中国古代建筑上特有的构件，它的产生和发展有着非常悠久的历史。从两千多年前战国时代采桑猎壶上的建筑花纹图案，以及汉代保存下来的墓阙、壁画上，都可以看到早期斗拱的形象。见图8-7。

图8-6　北京故宫屋顶　　　　　　　　　图8-7　古建筑斗拱

斗拱的种类很多，形制复杂。按使用部位分，它可以分为内檐斗拱、外檐斗拱、平座斗拱。外檐斗拱中，又可分为柱头科斗拱（用于柱头位置上的斗拱）、角科斗拱（用于殿堂角上的斗拱）和平身科斗拱。见图8-8。

斗拱在中国古建筑中起着十分重要的作用，主要有三个方面，第一是它位于柱与梁之间，由屋面和上层构架传下来的荷载，要通过斗拱传给柱子，再由柱传到基础，因此，它起着承上启下、传递荷载的作用。第二是它向外出挑，可把最外层的桁檩挑出一定距离，使建筑物出檐更加深远，造型更加优美、壮观。第三是它构造精巧，造型美观，如盆景，似花篮，又是很好的装饰性构件。

（三）鲜艳富丽的装饰

中国古代建筑的装饰丰富多彩，主要包括彩绘和雕饰。这些建筑的艺术加工构成了丰富绚丽的艺术成就，雕梁画栋，形体优美而色彩斑斓；楹联匾额，激发意趣而遐想无穷。这些建筑装饰不仅起到了美化与修饰作用，还起到了调整建筑构造、比例的作用，其保护建筑本身、延长建筑寿命的功能也不可忽略。

1. 和玺彩画

和玺彩画在清代是最高级的彩画，只限于用在最高级别的宫殿、坛庙等大型建筑物的主殿。和玺彩画出现于明末清初，常见的有象征皇权的龙凤纹、莲纹、吉祥草纹等纹饰。所有的图案均沥粉贴金，不采用墨线，以青、绿、红作为底色，衬托金色图案，彩绘效果金碧辉煌。见图8-9。

图8-8 古建筑屋檐

图8-9 龙和玺彩画（杜恒昌、高成良）

2. 旋子彩画

旋子彩画是由多层次旋转动感很强的花瓣组成的一种团花纹饰。旋花纹饰早在元代即有运用，明代以旋花作为主体纹饰的旋子彩画就已经很规范成熟了，到清代进一步得到充实和发展。

旋子彩画的构图格式主要分箍头、盒子、找头、枋心等部位，在找头内以中心的花、外围环以两层或三层重叠的花瓣、最外绕一圈涡状的花纹组成旋子。内以西潘莲、牡丹、几何图形为主，枋心绘锦纹、花卉等。见图8-10。

3. 苏式彩画

苏式彩画是装饰园林建筑的一种彩画。它源自江南苏州一带，传至北方进入宫廷即成为官式彩画中的一个重要品种。苏州地区彩画从纹饰到色彩颇为活泼，以追求素雅无华为基本风格，且很少用金。而北方官式苏画色彩比较艳丽，以青绿色为主色，同时根据装饰内容的需要配以相当数量的间色和用金。

苏式彩画从构图分析大体可分为三种，即枋心式、包袱式及海墁式。早中期枋心式苏画的主体构图与旋子彩画的主体构图是相似的，找头部分做了变动，换上了锦文、团花、卡子、聚锦一类图案，枋心部分基本绘制龙纹、凤纹、西潘莲等纹饰。包袱式苏画的找头部分画法与枋心式基本一致，包袱内多绘"寿山福海""海屋添筹"等一类吉祥图案。海墁式苏画梁枋的两端施箍头，箍头的内侧绘双卡子，卡子之间绘卷草纹、蝠磬纹或黑叶子花，写生画只占很小的比例。见图8-11。

图8-10　龙草枋心墨线大点金旋子彩画（冯世怀）　　　图8-11　清中期枋心式苏画（杜恒昌）

二、建筑的意境之美

建筑艺术的意境和其他艺术一样，主要取决于艺术家的审美体验、情趣和理想。意境之美就是情和景的高度统一。建筑的意境是通过建筑艺术语言来创造的。例如北京故宫博物院的建筑主体在当时的历史条件下，是为了突出帝王的权力和威仪，象征着皇权的神圣和至高无上。再如中国古典园林追求的是自然情趣和诗情画意，意境深远含蓄、耐人寻味，颇具艺术感染力。见图8-12。

图8-12　拙政园

第二节　建筑表现

中国传统民居建筑适应性很强，北方的合院式民居，江南的厅井式民居，大多是围绕庭院布置房屋的建筑形式。黄土高原的窑洞民居在空间布局上与北方合院原则一致，而东南客家土楼可以看作是庭院发展的一种特殊形式，更加向心、内聚的大型庭院。各地民居都有各自的典型形式，进而组成系列化的设计，以适应不同环境的要求。

另外，传统民居还使用了灵活的房屋构架。在北方以抬梁式为主，构架材料厚重，但可以获得较大的室内空间。南方以穿斗式为主，虽然空间跨度有限，但构架轻巧，可以用长短柱灵活调整高差，还可以增加出挑、披檐等灵活的形式。不论哪种构架，比之西方砖石结构更灵活自由，便于施工，实现内外空间的交流。

此外，中国传统民居还非常重视室外空间的塑造，把室外空间当作与自然交流的媒介，尤其是对于庭院和天井，对其形态、花木、墙体、小品、铺地等，都有精心的设计和搭配，形成了独立的艺术性格。

中国各地的传统民居建筑创造了多种成熟而完整的艺术风格。比如北京四合院，它组群格局方正严谨，庭院疏朗、朴实，建筑独立、凝重而简练。苏州民居的族群格局非常紧凑，天井高耸狭小，空间优雅丰富，造型秀丽小巧。闽粤天井院组群布局更加紧密，天井更加狭小，宅内的空间更加通透开敞，建筑的装饰性也更浓。客家土楼则是外闭内敞，内聚外防，外观坚实雄伟，类似一座座堡垒。而黄土高原的窑洞民居与黄土地融为一体，具有非常粗犷淳朴的艺术风格。可以说，传统民居是历史积累和民间智慧的结晶。虽然就其建造技术和使用功能来说，如今早已时过境迁，它的具体手法和材料不可能在今天完全沿用和重复，但其发生、发展结合各地需求的设计方法及创作原则，对于我们今天乃至未来的民居建筑实践和设计，仍然有不少启发和参考的价值。

一、北方合院式民居

合院式民居是中国北方，也就是东北、华北、西北的通用民居形式。它的形式特征是用单栋房屋组成方形或矩形的院落，各栋房屋外部都用砖墙包裹严实。房屋各自独立或用走廊相连。院落比较大，房屋门窗都朝向内院开启。比如北京四合院就是北方合院式民居的典型代表。它的布局以院落为特征，一般按照南北向轴线对称地布置房屋和院落，根据主人的地位和宅基地的情况，有两进院、三进院、四进院或五进院几种。见图 8-13。

传统的北京四合院，往往居住着一个三代同堂甚至四代同堂的大家庭。四合院的建筑形式很适应这种传统大家庭

图 8-13　北方四合院

的生活方式。以最常见的三进院为例,前院进深较浅,相当于对外的接待区。前院以倒座为主,包括了门房、客房、客厅等等。大门在宅院的东南角八卦中的巽位。门内迎面见独立影壁或靠山影壁,以阻挡外部的视线。厕所是在倒座西边的小院,里面比较隐蔽。主院是家庭的主要活动场所。前院和主院之间常设一道二门,常把它做成垂花门的形式。垂柱头做成莲花或花瓣的形式,被称为垂花柱或垂帘柱。主院的北面是上房,也称正房,是长辈居住、全家活动和待客的地方,在全宅地位最高。正房两侧有较为低矮的耳房,用作辅助房间。内院两侧厢房供晚辈居住,而房前窄小的空间可以用来堆放杂物,也可以布置点假山、花木等。众多的房屋维护着主院,形成全宅的核心庭院。主院方正开阔,院子里面常种石榴树,石榴象征着多子多福,而且石榴果红似火,象征着日子红红火火,非常喜庆。院子里面还常放一只荷花缸或鱼缸,养荷花或者养鱼,美化景观,也可以增加院内的湿度。夏天院子里面搭起凉棚。老北京人很喜欢在院子里面遛鸟、聊天、喝茶、下棋。

二、江南厅井式民居

唐代的江南道范围很广,包括长江流域及其以南的大面积地区。但它的经济文化核心还是在江南东道,所以后来文化意义上的江南,实际上泛指的是这些地区。江南民居多为厅井式民居,它的主要特征是院落小而高,类似于井口,所以叫作天井。天井占全宅用地面积的四分之一到十二分之一,远小于四合院中的庭院比例,反映出天井在这里最重要的功能是采光通风,而不是户外活动。另外,部分房屋做敞厅以通风纳凉。敞厅成为日常活动的中心,不受雨季影响。还有它跟北方单栋房屋相对独立不同,厅井式的各幢房屋相互联系得比较紧密。屋面搭接,空间连通,产生了较为丰富的建筑屋面和内部空间。而且住房多为两层,楼上做卧室,以避开第一层的潮湿,以获得干爽的居住条件。见图 8-14。

图 8-14　江南厅井式民居

三、东南客家土楼

客家是逃避战乱而迁徙到南方的中原移民。自三国、两晋以来,先后迁徙到江西、广东、福建以及广西、台湾甚至海南等地区。由于移民需要群居自保,客家人的住宅常用群聚一楼的方式,夯土高墙维护着全楼,人称土楼。主要分布在福建、广东、赣南等地区。比如福建永定的承启楼,这是现存规模最大的圆形土楼,建于清代,直径达七十二米,高有十二米多。布局上由三层环形房屋相套组成。中央核心是圆形祖堂,供族人议事、婚丧典礼、祭祖及其他公共活动使用。内环中环都是平房,用于做杂务和饲养家畜,最外层高达四层。底层用作厨房或其他杂用,二楼储藏粮食。三层以上住人,一、二层对外不开窗,各层内侧以回廊连通，所有的房间按户数分配使用。类似如今的集体宿舍，全楼共有三百九十多个房间，中小型的圆形土楼只有一圈楼，中间布置祖堂。方形土楼的这个布局与圆楼相似，只是平面呈方形或矩形。比如，南靖县的梅林山脚楼，楼高五层，祖堂在中心，围成一个天井院。由于客家土楼是在客家迁徙图存、土客械斗的历史条件下产生的，所以在形制上有许多共同之处。比如土楼都是以供奉祖先的祠堂为中心来进行布局，这是客家居住而居的一个必要条件。见图8-15。

图8-15 福建南靖永定土楼

四、西北窑洞民居

高原的窑洞民居。这是一种依托黄土挖穴的民居形式，它的前身可以追溯到原始社会的横穴。那么这种窑洞民居在干旱少雨的黄土地区，比如说陕、甘、宁、晋、豫一带都非常普遍，主要有三大类型，靠崖窑、下沉式平地窑和锢窑。靠崖窑是在天然崖壁上向内开挖的券顶式横洞，高宽在两到三米，进深六到十米。窑顶上至少保留三米的土层，根据土质情况，窑顶可以是平圆形、满圆形或者是尖圆形等形式的拱顶。窑洞可以分为前后两间，也可以双窑或者三孔窑并联使用，还可以挖出上下层的窑洞。一般窑口空气充足的地方安排灶、炕等生活起居用品，深处则用于储藏。窑壁上可以挖龛放置用具，也可以挖坑窑来放置板床，甚至可以挖出拐窑做储藏室，还可以挖出子母窑，等等，这些都是窑洞扩大空间的方式。窑洞外立面称为窑脸，简单的窑脸露出土墙或土坯墙，中间开门窗洞口。讲究的人家会砌砖墙防护，甚至雕刻砖花，称作贴脸。也有的在窑脸外再接一段石窑或者是砖窑称为咬口窑。窑洞外面可以用土墙或者是锢窑式的房屋围合成合院。比如河南巩义市的康百万庄园，就是黄土高原地区规模最大的靠崖窑住宅群。除砖砌锢窑七十三孔外，它的住宅区为十六孔砖拱靠崖窑，整个窑群依靠着黄土崖呈折线形布置，组成了五个并列的窑房四合院。见图8-16。

图8-16 山西窑洞民居

第三节 建筑文化

在古代世界上曾经有过大约七个主要的独立建筑体系，其中有的或早已中断，或流传不广，成就和影响也相对有限，只有中国建筑、欧洲建筑、伊斯兰建筑在现在被认为是世界三大建筑体系，其中中国建筑和欧洲建筑延续时代最长，流域最广，成就也更为辉煌。中国人崇尚自然，所以古建筑的布局和造型上体现"天人合一"的建筑观；同时建筑又服务于封建统治者的思想，所以建筑的形制、结构、色彩等部分讲究符合礼制有规范秩序感，从而形成我国古代建筑独特的和谐统一的风格。

古代建筑从半坡遗址发掘的方形或圆形浅穴式房屋发展到现在，已有六七千年的历史，最早的史前建筑诞生于距今约10000年的旧、新石器时代之交，即在原始农业时期开始出现，是人们的定居要求开始增强的时候。中国建筑的发展大致可以分为以下几个时期。

先秦时期是建筑萌芽与形成阶段。夏朝建筑讲究中轴线布局，商代建筑为散点式，而中国古建筑的特征在西周已具雏形。

周朝建筑讲究严格符合礼制，在《周礼·考工记·匠人》有载："匠人营国，方九里，旁三门。国中九经九纬，经涂九轨，左祖右社，面朝后市。"意思是都城规划成方形，每边长9里（4500米），各有3个门，城中纵横垂直交错着9条大道，每条大道可容九辆车并行，城左为太庙，城右有社稷坛，南面建宫殿，北面设市场。《考工记》所记述的都城布局理论对以后各朝的都城规划产生过重要影响，最重要的就是确定了左祖右社的排列顺序和内寝外朝的城市规划制度，而且根据等级制度对于不同身份和地位的人，建筑形态及大小都有规定。

春秋后期开始，中国古代的宫殿建筑基本上都是"非壮丽无以重威"的高台建筑，认为只有雄伟高大的建筑才能显示出皇家的气势和威严。

到了秦汉，中华民族走向政治、经济、文化的"大统一"历史，在此背景下秦汉时期的建筑质朴刚健、布局宏伟舒展、风格形制相对定型。建筑主体仍为春秋战国以来盛行的高台建筑，规划上呈团块状取十字轴线对称组合，十分规整且尺度巨大，追求象征含义。如《史记·秦始皇本纪》中记载阿房宫："先作前殿阿房，东西五百步，南北五十丈，上可以坐万人，下可以建五丈旗。周驰为阁道，自殿下直抵南山，表南山之巅以为阙，为复道，自阿房渡渭，属之咸阳。"可见秦代建筑的宏伟雄浑。从建筑结构上来说，木构形式是此时的主要建筑结构形式，汉朝社会生产力的发展促使建筑技术产生显著进步，是我国古代建筑史上的一个繁荣期。在古代木构架建筑中常用的抬梁、穿斗、井干三种基本构架形式此时已经成型，奠定了后世木结构建筑技术的基础，而随着砖瓦生产和砌筑技术的不断提高，中国古典建筑三段式（台基、屋身和屋顶）的外形特征基本定型。秦汉时期的建筑可以说是古建筑发展的第一次高潮。

魏晋南北朝时期多个政治势力、占地割据的政治局面促使各个国家更加注重建筑的防御功能，建筑不复秦汉宫阙的恢宏气度，民族的融合及佛教的传入，推动了佛教建筑的兴盛。佛塔、寺院、石窟是这个时期最典型的建筑类型，其中以北魏时建造的洛阳永宁寺塔为代表，塔高约136.7米（已焚毁，只剩塔基，见图8-17、图8-18）。

历魏晋经隋唐而宋，是建筑成熟与高峰阶段，此时期的建筑既继承了前代所有建筑的成就，又融合了外来文化的影响，形成了自己独特而又完整的建筑体系，并且影响到周边的日本、朝鲜等国。

始建于唐贞观八年的大明宫曾是唐朝的政治中心，拥有唐代最宏壮瑰丽的宫殿建筑群，整个宫域分为前朝和内廷两大部分，南北中轴、前朝后苑、三大殿制，大明宫开创了宫殿建筑总体布局形制，是中国宫殿建筑之范本。见图8-19。

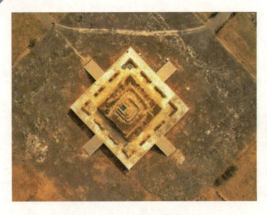 

图 8-17 洛阳永宁寺塔塔基平面图　　　　图 8-18 洛阳永宁寺塔塔基图

　　宋代建筑根植于一个文弱而文雅的时代,宋代时期市民阶层不断壮大,国家富足,在这样的文化土壤和文化背景下宋代建筑一改唐代雄浑的特点,变得纤巧秀丽、注重装饰,出现了各种复杂形式的殿阁楼台,主要以殿堂、寺塔和墓室建筑为代表,装饰上多用彩绘、雕刻及琉璃砖瓦等,建筑构建开始趋向标准化,形成了我国第一部有关建筑设计和技术经验总结的建筑建造总结性著作《营造法式》,还有《木经》等著作。这时是古建筑发展的第二次高潮,可以认为是中国古建筑的高峰。

　　明清时期的建筑达到了古代建筑的最后一个高峰,是中国古代建筑的集大成时期。北京城是明清两朝的帝都,城市布局之严谨周密、宫殿建筑之壮丽伟巨,均代表了中国古典建筑的杰出成就。北京故宫博物院原名紫禁城,是世界上现存规模最大、保存最完整的古代宫殿建筑群,宫殿的规划设计以宫殿为主体、中轴对称的传统原则,重要建筑布列于长约7.8公里的中轴线上,井然有序又起伏跌宕,擒纵开合中尽显空间与建筑的变化之妙,其整体设计、工程技术和艺术效果都达到古典建筑的顶峰。见图8-20。

图 8-19 大明宫遗址平面图　　　　图 8-20 紫禁城平面图

清朝时期国力统一、生产持续发展是各民族文化大交流的时期，这样的社会背景使得这时期的建筑具有相当丰富的传统文化意蕴。

首先作为入关的清满洲统治者，全面接受汉族文化，建筑也深受影响，保留了明代在北京的宫殿建筑，陵寝制度沿袭明代，民居接受了汉族的四合院形制。

例如，建筑的名称深受汉代儒、道等思想的影响。北京故宫博物院原名紫禁城，紫禁城名字由来最多的说法就是由于中国古代讲究"天人合一"的规划理念，包含"天地与我并生，而万物与我为一""上下与天地同流"等思想在其中。再由于封建皇宫在古代属于禁地，常人不能进入，故称为"紫禁"。明朝初期同外禁垣一起统称为"皇城"，大约在明朝中晚期宫城与外禁垣分开，叫"紫禁城"，外禁垣为"皇城"。

再如皇帝居住的宫殿乾清宫，皇后居住的宫殿坤宁宫的名称出自《道德经》和《周易》二书，天即乾、父、君，地即坤、母、后，乾清之意即天高明，坤宁之意即地博厚。

而由明代嘉靖帝修建的交泰殿，在明清两朝曾是册封皇后以及重大节庆时皇后接受朝贺之所。其殿名"交泰"二字出于《易经》中的泰卦，以表示乾坤相交之意。交泰殿位于乾清宫和坤宁宫中间，乾为天，坤为地，乾坤交泰，则阴阳平衡。阴阳天地相交，万物出现，这是自然法则，是不以人的意志为转移的。见图8-21。

除了交泰殿的殿名，建筑外檐梁枋上的彩画也传达了同样的理念。在紫禁城贯穿南北的中轴线上，自太和门至乾清宫，建筑上的彩画一直以金龙纹样装饰，彰显帝王至高无上的权威。但是交泰殿上画的是"龙飞凤舞"的龙凤和玺彩画。彩画中凤在上、龙在下的"反常"形式，是泰卦"下乾上坤"卦，为天地交泰之象，是"天地交合、康泰美满"的表达。见图8-22。

图 8-21　紫禁城交泰殿

图 8-22　交泰殿龙凤和玺彩画

古人谓："以器载道，道在器中"，对于古人而言，器物的神形反映着人的性情，从器物可洞见主人的审美取向和个人素养，除了建筑外在的形象之美外，建筑的内在空间也包含在内，用恰当的陈设展现器物气质，与建筑进行合理的搭配，不仅能窥见古代先辈的精神，而且能进一步延续文脉，是创造美好生活的重要舞台，更是体现人类对于生活之美、建筑之美最好的诠释。现代生活节奏越来越快，室内陈设艺术的表现形式越来越丰富，表现手法越来越灵活多变，室内的陈设之美是将中国传统文化对"天人合一"的意境诉诸现代生活情趣之中，主要表现以下几个方面。

1. 字画

字画作品是高雅的艺术品，它适宜不同职业、不同爱好的人们，被越来越多的人所喜爱和欣赏，它可以为空间增添光彩，渲染气氛，还可以开阔视野，陶冶情操，愉悦身心，提高艺术修养。见图8-23。

中国字画的形式多样，有横、直、方、圆和异型，也有大小长短之分，可写在纸、绢、帛、扇、陶瓷、碗碟、镜屏等物之上。字画在内容和艺术创作上反映了中华民族的民族智慧和审美情趣，以形写神、形神兼备。

中国字画具有清雅古逸、端庄含蓄的特点，在中式风格的室内空间中可体现庄重、优雅的双重品质。

图8-23 现代中式客厅中的字画

在室内陈设时选择字画，除了要顾及视觉感受和整体协调的效果之外，还要考虑字画内容，挑选适合的字画来装饰室内空间，取得理想的效果。

2. 花艺

花艺属于绿植的一部分，不管是绿植还是花艺，都是为了给空间增添一些生气。花艺设计包含了雕刻、绘画等造型艺术的所有基本特征。花艺是装点生活的艺术，是将花草、植物经过构思、制作而创造出的艺术品。花艺最重要的是讲究花与周围环境气氛的协调融合。见图8-24。

图8-24 东方花艺

东方风格崇尚自然、朴实秀雅，富含深刻的寓意。其特点为：使用花材不求繁多，几枝便能起到画龙点睛的效果；形式追求线条、构图的完美和变化，崇尚自然，简洁清新；用色朴素大方、清雅绝俗，一般只用2～3种花色，简洁明了。

3. 摆件

装饰摆件是空间独特的艺术表达。装饰品可以烘托空间的艺术氛围，表达不同的空间意境。按照材质不同可分为玻璃制品、金属制品、陶瓷制品、植物编织品、雕刻工艺品等。见图 8-25。

图 8-25　紫砂茶具

室内装饰品的摆放要注意大小、高低、疏密、色彩的搭配，布置需要有"秩序感"，有序的布置会产生如同音乐旋律般的节奏，给人艺术的享受。

第九章

数媒之美

思政目标

1. 引导学生正确使用、分析和评价数字媒体内容的能力。注重提升学生的道德意识,让学生了解在数字媒体时代,个人言行举止、信息发布与传播都应当遵循道德规范和法律法规,承担起相应的社会责任。

2. 引导学生将社会责任融入创作之中,关注社会热点问题,通过数字媒体作品传递正能量,引导社会舆论,为社会进步作出贡献。

二维码9

第一节 数媒之美

数字媒体是指以二进制数的形式记录、处理、传播、获取过程的信息载体,这些载体包括数字化的文字、图形、图像、声音、视频影像和动画等感觉媒体,和表示这些感觉媒体的表示媒体(编码)等,通称为逻辑媒体,以及存储、传输、显示逻辑媒体的实物媒体。

数字媒体简称数媒,是以信息科学和数字技术为主导,以大众传播理论为依据,以现代艺术为指导,将信息传播技术应用到文化、艺术、商业、教育和管理领域的科学与艺术高度融合的综合交叉学科。它包括了图像、文字以及音频、视频等各种形式,以及传播形式和传播内容中采用数字化,即信息的采集、存取、加工和分发的数字化过程。数字媒体已经成为继语言、文字和电子技术之后的最新的信息载体。

如图9-1所示,《千里江山图》由北宋晚期著名画家王希孟在18岁所作,画作以绚丽的色彩、宏大的视角与工细的笔致描绘了锦绣山河的气象万千、壮丽恢宏,被誉为"中国十大传世名画"之一。

在亚洲数字艺术展上,我们可以看到藏于北京故宫博物院的北宋国宝级长卷《千里江山图》与数字技术融合,运用数字投影、虚拟影像、互动捕捉等方式形成艺术作品与人的互动,对国宝文化遗产进行了创新性的开发与诠释,将传统文化元素与当代艺术设计交织,组成创新的文化体验空间,让大家充分感受中华文化瑰宝的底蕴与魅力。

图 9-1 《千里江山图》(部分)

用数字技术将北宋画作《千里江山图》重新呈现,让人们以更生动的方式了解优秀传统文化。实时分层渲染技术使得"千里江山"山水画犹如动态实景,先进的投影技术营造出日出、晨雨、黄昏等时光变幻,数字科技生成的流萤星光、蝶舞翩跹、落叶缤纷美轮美奂,仿佛让人置身画中。通过数字技术,这幅国宝"动"了起来。在馆内,光影随脚步流连变换,《千里江山图》动态数字长卷在墙面上流动。《画游千里江山》(图 9-2)——故宫沉浸艺术展,这幅画中时而白鹭腾飞,翱翔天际,时而细雨蒙蒙,滴在湖面湛起阵阵波纹,日出、晨雨、晴日、黄昏、静夜交替变换,山间的朝阳与余晖之景显得格外美丽……据介绍,这是世界首个拥有实时分层渲染核心技术、时间变换系统的高清动态数字长卷,糅合了传统美术与数字科技,以磅礴的气势让观众感受动起来的千里江山。徜徉其间,品读山间四时美景,与林中点点烟火人间,高崖飞瀑近在咫尺,屋舍长桥触手可及。

图 9-2 《画游千里江山》——故宫沉浸艺术展(北京故宫博物院出品)

数字媒体艺术是当今艺术领域中蓬勃发展的一门学科,它结合了数字技术和艺术创作,创造出了许多令人惊叹的作品。数字媒体艺术的现状与发展可以从以下几个方面来讨论。

数字媒体艺术在技术的支持下，呈现出了更加多样化和丰富的创作形式。通过计算机图形学、虚拟现实、增强现实等技术的应用，艺术家们能够创造出逼真的虚拟场景、交互式艺术作品和沉浸式体验，吸引观众的注意力并激发他们的想象力。数字媒体艺术在传播和展示方面具有独特的优势。数字媒体艺术作品可以通过互联网和社交媒体平台迅速传播，观众可以通过手机或电脑等设备随时随地欣赏作品。此外，数字媒体艺术还可以利用虚拟展览和在线展示等方式，将作品呈现给更多的观众，实现大众化的传播。

数字媒体艺术的大众化还体现在其与其他领域的融合。数字媒体技术与音乐、电影、舞蹈等艺术形式的结合，创造出了跨界合作的机会。例如，虚拟现实技术在音乐会上的应用，使观众能够身临其境地感受音乐的魅力；又如，数字艺术家与电影制作人的合作，创造出了独特的视听体验。这样的跨界合作不仅丰富了数字媒体艺术的创作形式，也使得作品更具吸引力和观赏性。数字媒体艺术的发展还受到了普通观众对互动和参与的渴望。观众不再只是被动地欣赏艺术作品，他们希望能够参与其中，与作品进行互动和沟通。数字媒体艺术通过交互式技术和虚拟现实体验，满足了这一需求。观众可以通过手势、声音、触摸等方式与作品进行互动，甚至参与到作品的创作中，进一步增强了观众的参与感和艺术体验。数字媒体艺术在技术的支持下，以其多样化的创作形式、便利的传播方式、与其他领域的融合以及观众的互动参与，吸引了越来越多的人群，实现了大众化的发展。未来，随着技术的进一步发展和艺术家的创新探索，数字媒体艺术有望继续推动艺术的发展，并为观众带来更加丰富、引人入胜的艺术体验。

数字媒体艺术融合了多种艺术表达形式，具有较为强烈的综合性特征。这一艺术形式能够以独特的艺术特征和呈现方式展现给观众，因此对观众有着较强的吸引力。在当前信息时代技术水平持续发展、商品经济水平不断提升的历史背景下，数字媒体艺术受到了大众的欢迎，得到了充分发展。数字媒体艺术是科学技术和艺术作品充分结合而得出的产物，在当前，这一艺术形式具有传播力度大、普及性高的特点。该艺术形式具有较强的综合性，融合了计算机技术等相关技术，因此其传播渠道更加多样，受众基础更为广泛。与此同时，由于数字媒体自身特征，导致其呈现方式也更为独特。从这点来看，对数字媒体艺术进行更全面、更深入的研究极为必要。

从数字媒体艺术这一艺术形式的本质来看，它首先属于艺术范畴。在艺术领域内，如绘画艺术家进行创作时，需要借助画笔开展。而音乐艺术家则需要基于乐器等工具开展艺术创作。因此，数字媒体艺术同样需要创作工具，计算机就是创作者们开展艺术创作的主要工具。法国著名文学家福楼拜曾经总结过艺术与科学之间的内在联系，同时阐述了艺术与科学深度结合的历史必要性。从这点不难看出，艺术与科学之间具有广泛且深刻的联系，而在当前时代发展之中，数字媒体艺术则成了科学与艺术深度结合出的最具代表性的产物之一。一名数字媒体艺术家，如果不具备丰富的计算机知识，那么就无法创作出高水平的数字媒体艺术，而如果数字媒体创作者不具备一定的艺术基础，那么他也不可能仅仅依靠科学技术，就能够开创出数字媒体艺术作品。这要求合格的数字媒体艺术家，既要具备较强的技术功底，又要有一定的艺术修养，不仅其逻辑思维要相对严密，也要具备较强的想象力和创新力。

在计算机技术得到了充分发展这一时代背景下，传统娱乐模式得到了彻底颠覆，数字化视听模式成为时代主流。电视、动画、3D、VR等技术形式逐渐被人们所接受，且得到了普及。这种数字化媒体形式十分新颖且有趣，更适应开展大众传播。在这一时代背景下，数字媒体艺术成为人们所普遍关注的艺术类型。这一艺术形式是一门崭新学科，具有不同于传统艺术形式的各类特征。从数字媒体艺术所涵盖的技术类型来看,计算机理论知识、计算机语言、通信网络技术和软件设计技能等基础技术都极为重要。与此同时,数字媒体艺术的创作者同样要具备较强的艺术鉴赏能力和艺术设计能力。相关专业的毕业生,需要在社会化实践中形成较强的数字媒体制作能力,如视频动画制作、游戏内容设计等。从以上各方面来看,数字媒体艺术是一门跨学科艺术,融合了自然和人文两类学科。

而从近年来我国探索发展数字媒体艺术的历程来看,由于基础较差、起步较晚,因此在当前依然存在极大的发展局限性。如数字电影领域,国外较早开始探索,并基于广泛实践,创作出来了一大批艺术水平较高、观众喜闻乐见的大型魔幻题材电影,见图9-3、图9-4电影《哈利·波特》、电影《指环王》等都是极具代表性,广为大众所熟知的数字电影。还有《阿凡达》(图9-5)等魔幻题材3D巨制电影,更成了彰显数字媒体艺术魅力的经典作品。

图 9-3　电影《哈利·波特》截图

图 9-4　电影《指环王》截图

图 9-5　电影《阿凡达》截图

在影视作品制作方面,我国开始与国外的高水平数字化处理团队进行深入合作,能够完成水平较高的数字电影。近年来,我国数字媒体艺术基于广泛的社会化实践,取得了令人瞩目的成就,发展速度较为迅速。在未来发展过程中,我国数字媒体艺术努力创作出一批观众喜闻乐见的精品数字媒体艺术作品,进而在国内乃至国际市场中占据更大份额和更强影响力。

第二节　数媒表现

数字媒体艺术不同于传统艺术的制作方式和表达形式,数字媒体艺术具备虚拟现实的特点。在传统媒体中观众所浏览到的绝大部分内容是真实化的场景,然而由于数字技术的不断发展,创作者可以利用数字化技术,将想象的世界以虚拟现实的方式表现出来,通过数字技术展现出来的艺术效果令人大为惊叹,具备了强烈的吸引力。基于数字技术的数字媒体创作人员,通过创意十足的设计,创造了许多经典的数字媒体艺术作品。

例如,图9-6数字电影《阿凡达》中展现的充满想象力的"潘多拉星球",图9-7电影《指环王》中基于宏大叙事方法所展现的充满魔幻的"中土世界"等。

图9-6　电影《阿凡达》截图

图9-7　电影《指环王》截图

数字媒体艺术的创作者们借助了先进的数字化艺术，基于虚拟场景创建，使虚拟化的表达与现实世界几乎一模一样，人们不经详细甄别，往往分不清虚拟与现实之间的区别。在当前电视频道中，大多数电视节目都采用了虚拟演播室这一呈现方式，主持人往往只需要在一块绿布之前进行节目拍摄工作，而观众所看到的则是主持人位于一个精致、优雅的演播室之中。在当前时代中，虚拟现实技术具有极为广泛的应用领域，且受到了大众的普遍欢迎。例如图9-8我国的知名纪录片《紫禁城》，数字媒体艺术的创作者们就是借助了数字化技术，对紫禁城全貌进行了逐一还原，人们只需要在屏幕之前，就可以对我国的名胜古迹北京故宫博物院进行全方位观赏。从这点来看，虚拟现实技术为数字媒体艺术的创作者们插上了想象力的翅膀，一批批想象力丰富、艺术价值极高的数字媒体艺术作品呈现在人们眼前，既丰富了人类艺术殿堂，又使人们的日常生活变得更加多姿多彩。

图9-8　纪录片《紫禁城》截图

在传统媒体艺术中，一名创作者所独立创作的作品一经完成，就无法在后续使用中进行更改。因此，无论观众对艺术作品提出了怎样的看法，创作者都无法进行及时调整。从这点来看，观众对传统媒体艺术的反馈信息具有突出的滞后性特征。而在数字媒体艺术中，由于数字化技术的先进性，使得创作者与观众之间有着一道广阔的交互桥梁。艺术作品的创作者们不再是决定艺术作品内容的唯一因素，这使得数字媒体艺术与观众之间的距离变得更近，其交互性也要显然高于传统媒体艺术。基于这一原因，数字媒体艺术的商业属性也更加突出，数字媒体艺术借助各类先进的技术形式，进一步拓展了其发展的可能性。在当前的各类数字媒体艺术中，观众参与程度在逐渐提升，数字媒体艺术作品普遍受到观众的意愿影响。例如对于电影的弹幕评论、综艺节目的观众评论等，都是影响数字媒体艺术作品后续调整及内容改善的重要因素。

数字媒体艺术的创造者们需要基于各类数字化技术开展作品创作。这使得数字媒体艺术与其他艺术形式之间的界限变得相对薄弱。例如，创作者们可以利用数字技术开展绘画创作，各种类型的绘画作品都可以基于数字技术的虚拟性得以实现，而数字技术也可以让绘画作品的表现形式变得更加生动。例如水墨画作品，可以基于数字化技术实现动画呈现方式，小舟在江中畅游，空中的飞鸟成群结队，这都使得水墨画作品对观众更具吸引力。如图9-9所示数字化的《清明上河图》，使画面中的人物动了起来，艺术作品的艺术魅力更加生动，别具一格的表现形式也让越来越多的人关注我国传统文化。

图 9-9 《清明上河图》截图

当前，数字媒体艺术大多融合了音乐、绘画、动画等不同艺术形式，在表达方式上更具吸引力，其融合性特征十分突出。数字媒体艺术在传播方面主要有以下三个特点：

一是传播渠道极为广泛。基于通信网络技术和计算机技术的充分发展，在当前，对数字媒体艺术作品进行传播时，创作者拥有了更为广泛的传播渠道。由于数字媒体艺术自身就是基于数字技术进行创作的，因此无论是手机端、电脑端还是其他媒体介质，数字媒体艺术都可以进行大范围传播。而在传播载体上，网页、播放器、阅读器，以及社交软件等，都成了十分常见的传播载体。由于数字媒体艺术具有更为丰富且多样化的传播渠道，因此，一部数字媒体艺术作品无论是在传播速度还是传播广度上，都具有更为明显的优势，更能够被普罗大众所接受。通常来看，一些制作精良的数字媒体艺术作品，基于丰富的传播渠道，往往可以在短时间内形成较强的影响力，甚至一些与社会现象关联密切、内涵丰富的数字媒体艺术，可以在社会层面引发各类人群的激烈讨论。

二是数字媒体艺术的参与性特征，在数字媒体技术的制作与传播过程中，创作者不再是唯一的主要因素，大部分数字媒体艺术作品都需要基于创作团队的广泛努力，才能够形成相对良好的艺术成果。而在作品的传播过程中，由于数字媒体艺术的交互性较强，因此创作者往往需要基于观众的观看体验和需求进行二次创作，这使得数字媒体的观众对艺术作品具有更强的参与感。

三是数字媒体艺术的大众性特征，从数字媒体艺术作品的创作者角度来看，由于艺术形式的综合性较强，因此创造者需要具备较强的信息技术能力和艺术素养。然而在当前，人们只需借助成熟化的软件，就可以独立完成数字媒体艺术作品。而由于大部分数字媒体艺术需要借助网络平台进行传播，因此这些作品往往都十分贴近人们的日常生活与大众的审美需求，这使得绝大部分数字媒体艺术都具备轻松幽默的特点，也使得数字媒体艺术的大众传播优势进一步拓展，大部分观众都愿意主动成为数字媒体艺术作品的传播者。

数字媒体艺术已经成为当代艺术中的重要组成部分，它不仅丰富了艺术的形式和表现手法，也将数字技术和艺术有机地结合在一起，为艺术家提供了更广阔的创作空间和更多的可能性。

数字媒体艺术具有表现形式多样化、创作高效化、语言数字化等特点，数字化最本质的特点是开放、兼容、共享。数字媒体艺术融合了各种科学元素与艺术元素，有机整合不同的艺术形式，派生出了数字媒体艺术的交互现象，带给人们韵味体验以及张力震撼，为我们展示了当代艺术综合审美的风格样式。

第三节　数媒文化

随着科技的不断进步和数字化程度的加深，数字媒体技术在各个领域得到了广泛应用。未来的数字媒体技术发展趋势主要包括人工智能技术、虚拟现实技术、增强现实技术等。人工智能技术将更广泛应用于数字媒体领域，如语音识别、图像识别、自然语言处理等，进一步提高数字媒体的智能化程度。虚拟现实技术将更加成熟，应用范围也会更广泛，如虚拟现实教育、医疗、运动等领域。增强现实技术将有更多应用，如在广告、营销、旅游等领域，为用户提供更加沉浸式的体验。

数字媒体技术是一个发展迅速的领域，它包括数字音频、数字视频、计算机图形学和交互式媒体等方面。在未来，数字媒体技术的应用将越来越广泛，包括电影制作、广告、数字营销、游戏、互联网内容制作和在线教育等领域。如图 9-10 所示微电影《希望树》，一名支教老师来到云南的偏远丽江市宁蒗县烂泥箐乡大拉坝小学支教，他的到来为这些大山里的贫困孩子带来了希望，和孩子结下了深厚的情谊，支教结束后，这名老师决定离开，到另一个需要他的地方。

图 9-10　微电影《希望树》截图

如图 9-11 所示动画《哪吒之魔童降世》，影片改编自中国神话故事，讲述了哪吒虽然出生即为魔丸，但仍选择"逆天而行"与命运抗争的成长历程。

图 9-11　动画《哪吒之魔童降世》截图

因此，数字媒体技术的前景是相当不错的！数字媒体技术有很多就业方向，比如数字媒体设计（网站设计、游戏设计、影视特效等）、数字媒体开发（视频编辑软件、音频处理工具等）、互动设计（交互式网站、移动应用等）、数字营销（社交媒体营销、搜索引擎优化、电子邮件营销等）、数据分析（分析网站流量、社交媒体数据等）。

随着科技的不断发展，虚拟现实（VR）技术已经深入我们生活的方方面面，而 VR 设计作为虚拟现实技术的关键环节，也逐渐受到广泛关注。VR 设计是指利用虚拟现实技术，在计算机中创建一个三维的虚拟环境，并通过各种交互设备，让用户沉浸在这个环境中，与环境进行互动，VR 设计的主要目标是让用户感受到真实感和沉浸感，同时实现与虚拟环境的交互。

作为高清晰虚拟现实作品——故宫 VR《紫禁城·天子的宫殿》无疑是目前世界上规模最大、内容最丰富的巨作。如图 9-12 所示北京故宫博物院的故宫 VR《紫禁城·天子的宫殿》，再现了清朝康乾盛世（1660—1790 年）紫禁城金碧辉煌的雄姿。通过虚拟现实独特的视点移动，可尽情观赏紫禁城宫殿的建筑结构和彩画，诠释其独特的空间秩序，并可根据观赏者的需要，提供各种不同"版本"的交流空间。

图 9-12　故宫 VR《紫禁城·天子的宫殿》截图

故宫 VR《紫禁城·天子的宫殿》，不仅详细再现了位于紫禁城中心的至高无上的太和殿，还收进了从皇城正门至太和殿之间，乃至整个故宫的宏大空间。另外，将视点移至可俯瞰整个紫禁城的位置时，还可以看到围绕着紫禁城的周围环境；内部配有经过故宫资深研究人员考证的绘画，以及经过三维处理的众多文物。

如图 9-13 所示安徽省美术馆的《敦煌壁影》，原创 10 分钟的沉浸式影片，带领每位观众穿越岁月星海，再见敦煌之辉煌。敦，大也，煌，盛也。它是古丝绸之路上的重镇，是世界四大文明、六大宗教和十余个民族文化的融会之地，是横亘在东方与西方、过去与未来之间的人类文明互鉴标志。敦煌城东南的鸣沙山东麓，绵延着总长 1680 米的石窟群，这就是莫高窟。莫高窟千百年来凝视着生生不息的敦煌城，于市井烟火袅袅与往生长眠戚戚之间，默默地守护与祝福。莫高窟的壁画、雕塑、石窟建筑三大艺术形式，便是莫高窟守护的姿态、祝福的语言。

如图 9-14 所示为 DigMega 数字内容团队全新力作《裸眼 3D 喵星人来袭》，出现在武汉天地裸眼 3D 巨幕，看可爱狸花猫萌化人心。

图 9-13 《敦煌壁影》截图

图 9-14 《裸眼 3D 喵星人来袭》

数字艺术是一个以技术与艺术相结合的学科，技术为主、艺术为辅的新兴专业，目标是培养出具有良好的科学素养和美术修养，既懂技术又懂艺术，能利用计算机设计工具进行艺术作品的设计和创作的复合型应用设计人才，通过新媒体技术更好地去实现设计师的想法和方案。在科学技术高速发展的今天，数字媒体艺术顺应了时代的发展，由以前传统的广播、电视、电影快速地向数字音频、数字视频、数字电影方向发展，与日益普及的电脑动画、虚拟现实等构成了新一代的数字传播媒体。

不难发现，数字媒体艺术是顺应时代潮流设计而生的，同时也是为培养设计人才而服务的，数字媒体艺术更加注重的是技术与艺术的结合，一直以来，各行各业的艺术形式都离不开媒体，特别是当代。从某种意义上来说，艺术史就是媒体不断进化而来的历史，媒体进化的同时又不断地促进了人们观念、语言形式和视觉表现的变化。数字媒体艺术可以培养较好的美术审美能力和一定的美术设计能力，虽然互联网一开始不是为艺术创作而发明的技术，但随着它的发展逐渐演变为大众进行艺术创作的工具。随着时代与科技的不断发展，数字媒体艺术必将为新媒体和新艺术形式在人类历史文化长廊中增添新的色彩，注入新的活力，不断地推动艺术文化的发展。

第十章

形象之美

思政目标

1. 引导学生以良好的形象示人，传递正能量，成为社会的引领者和风尚的标杆，通过塑造积极向上的形象，影响身边的人，推动良好社会风气的发展，为社会和谐与进步作出贡献。

2. 引导学生通过形象塑造来展现文化自信。通过学习传统服饰、发型、化妆等技巧，深入了解中华文化的魅力，增强对传统文化的认同感和自豪感，塑造出具有中国特色的形象。

二维码10

第一节　人物形象审美

美的形象离不开设计，人们对自我形象的关注度标志着一个国家和民族的经济实力与文明素养的发展水平，莎士比亚曾经说过："即使我们沉默不语，我们的服饰与体态也会泄露我们过去的经历。"人的第一印象往往由视觉形象来完成的，如何以得体和优雅的形象示人，表达自身的内在素养是很多人面临的现实问题，人物形象审美是一个既广泛又深刻的话题，它涉及个体如何理解和欣赏美。每个人对美的理解都不尽相同，这是由于形象审美是一个主观的评价和标准体系，它受到个人的文化背景、教育经历和个人价值观的影响。如何根据自身的基本特质、角色需求、职业需求和场合需求建立和谐完美的个人形象，需要我们提升人物形象审美，创造属于自己的、个性的整体形象。

一、人物形象审美分类

在当今社会，形象审美分类受到了多种因素的影响，古典美、现代美和流行美是最为突出的三种代表。古典美强调的是和谐、平衡和比例，它重视的是永恒和理想的美；现代美则更加注重个性、创新和多元，它打破了传统的规范和限制，更加贴近现实和生活；流行美则是随着时代潮流而变化的美，它反映了社会的流行趋势和大众的审美趣味。这三种审美标准各有其特点和价值，它们相互影响、相互渗透，共同构成了当今复杂的审美观念。

1. 古典美

中国人物形象古典美是中国传统文化的重要组成部分，它融合了中国古代文学、绘画、音乐、戏剧等多种艺术形式，展现出中国古典文化的独特魅力。在中国古代文学作品中，有许多具有古典美的人物形象，例如《红楼梦》中的林黛玉。林黛玉是中国古典文学中的一个经典形象，她不仅是一位美丽动人的女子，更是一位充满智慧和情感的人物。她对于爱情、友情、家族、社会等方面都有着深刻的思考和感悟，她的形象展现了中国古代女性的独特魅力和内在美。在小说中，林黛玉的形象通过作者的描写和塑造，展现出了中国古典美的精髓，她的形象不仅在文学作品中留下了深刻的印记，也影响了后人对于中国古典美的理解和追求。

除了文学作品，中国古典美的人物形象也体现在绘画艺术中。中国古代的山水画、花鸟画、人物画等都展现了中国古典美的独特魅力，其中人物画尤为突出。在中国古代的人物画作品中，不仅有皇帝、贵族、文人等形象，还有普通百姓、农民、工匠等形象，这些形象展现了中国古代社会的多样性和丰富性，也展现了中国古代人们对于美好生活的向往和追求。通过绘画艺术，中国古代人物形象展现了中国古典美的独特魅力和内在美，也为后人留下了宝贵的艺术遗产。

此外，在中国古代的音乐、戏剧等艺术形式中，也有许多具有古典美的人物形象。比如在中国古代的戏曲表演作品中，有许多经典的人物形象，如《三国演义》中的关羽：三国时期蜀汉的将领，被誉为忠义之士，他的形象在京剧、昆曲等戏曲表演作品中经常出现，成为受欢迎的经典人物形象。

通过文学作品、绘画艺术、音乐、戏剧等多种艺术形式，中国古典美的人物形象展现了中国古代人们对于美好生活的向往和追求，也反映了他们对于人性、道德、情感等方面的思考和感悟。这些人物形象不仅在中国古代艺术中留下了深刻的印记，也影响了后人对于中国古典美的理解和追求，为中国古典文化的传承和发展作出了重要贡献。这些形象展现了中国古代人们对于美好生活的向往和追求。

2. 现代美

现代美是一个不断发展和变化的概念，它反映了当今社会的价值观、审美观和文化技术发展水平。它涵盖了艺术、设计、时尚、生活方式等多个领域。作为人物形象现代美的领域，更多地强调的是通过简单的线条和几何形状来表达美；追求美观的同时注重物品或设计的实用性；与新技术结合，利用最新材料和工艺创造独特的设计；倾向于使用中性色调，这些颜色可以与任何装饰风格相结合，创造出既现代又经典的效果；倾向于可再生资源和环保材料，以减少对环境的影响；鼓励个性和多样性，每个人可以根据自己的喜好来定制和设计自己的物品与装饰等。在现代美的领域，有一些代表性的人物和作品，例如，作为首批进入国际视野的中国设计师，UmaWang 品牌创始人王汁在伦敦、巴黎和米兰时装周上都展出过自己的时装系列，并获得了一致好评。她是首位参与首届 CFDA 中国交流计划的中国设计师，展现出了独特的现代美，也为世人呈现了中国现代服装设计之美的魅力和风采。

随着全球化的影响和中国消费市场的不断扩大，中国的时尚设计师在国际时尚舞台上也越来越受到重视。例如,中国设计师郭培的作品在国际时尚界备受瞩目,其设计既融合了中国传统文化的元素,又展现出了现代时尚的气息,充分彰显了中国现代美的独特魅力和风采。见图10-1。

(a)《龙的故事》　　　　　　　(b)《青花瓷》

图 10-1　郭培作品

中国现代美通过艺术作品、建筑设计、时尚设计等领域,可以更加全面地展现特点和内涵,为世人呈现出中国现代美的独特魅力和风采。相信随着中国文化的不断传播和交流,中国现代美将在世界舞台上展现出更加绚丽多彩的风采。

3. 流行美

流行美是指在当前社会和文化背景下,人们普遍接受和追求的一种美的标准或趋势。流行美不仅仅局限于外表的装饰和形象塑造,还包括人们对于生活方式、审美观念、文化价值观等多方面的追求与认同。流行美是一项复杂多变的社会现象,它受多种因素的影响和推动,从外表美的流行和生活方式,再到文化价值观的流行,流行美反映的是人们对于美的追求和认同的不断与时俱进和变化。例如传统服饰流行美是一个多元化且独特的现象,它涵盖了从古代汉服到现代时尚潮流的广泛领域。这一美学现象在不断演变和发展中,展现了中国文化的深厚底蕴和时代创新。以中国传统服饰汉服为例,它在当代社会中正经历着复兴和流行。越来越多的年轻人选择穿着汉服参加各种活动,以此表达对传统文化的热爱和尊重。这种着装方式不仅是对历史的致敬,更是对传统美学价值的重新审视和传承。汉服的流行不仅局限于时尚界,还影响了摄影、艺术等领域,成为一种文化现象和社会趋势。同时,中国电影、音乐和艺术在全球范围内也获得了越来越多的关注和认可。中国电影在国际电影节上屡获殊荣,音乐作品在全球音乐市场占据一席之地,艺术作品也受到国际收藏家和观众的青睐。这些成就展现了中国艺术的魅力和影响力,也为中国流行美的发展注入了新的活力。传统服饰流行美的发展不仅展现了中华文化的独特魅力,也为世界带来了新的美学体验。它融合了传统与现代、东方与西方的元素,形成了一种独特的审美风格。这种风格既保留了传统文化的精髓,又融入了现代社会的时尚元素和创新理念。这种跨文化的美学交流与融合,为全球时尚界和艺术领域注入了新的创意和灵感。见图10-2。

图 10-2　创新汉服

二、人物形象之美构成

人物形象之美的构成一般包括外在美、内在美和综合能力。在当今社会，人们对于形象之美的要求越来越高。一个人的外在美、内在美以及综合能力被认为是构成一个相对完美形象的重要因素。

1. 外在美

外在美作为形象审美的重要组成部分，通常指的是一个人的外貌、仪表和着装。外在美在社交场合和职场中起着重要的作用，它不仅能够给人留下良好的第一印象，还能够增强个人的自信心和社交能力。一个人的外在美不仅仅是天生的，更多的是需要通过后天的努力和修饰。例如，保持良好的仪表仪容、注重饮食健康、经常锻炼身体等都是提升外在美的有效途径。

2. 内在美

内在美是一个人品格、修养和内在素质的体现。一个人的内在美往往更能够深入人心，留下长久的印象。内在美包括善良、宽容、正直、勇敢等品质，这些品质能够让人在与他人交往时显得更加亲和有魅力。此外，内在美还包括对知识的追求、对艺术的热爱、对生活的热情等方面，这些都是构成一个人内在美的重要因素。

3. 综合能力

综合能力是指一个人在各个方面的综合素养和能力。这包括语言表达能力、沟通能力、领导能力、团队合作能力等。一个人的综合能力决定了他在社会中的竞争力和影响力，也是形象审美中不可或缺的一部分。提升综合能力需要不断地学习和实践，培养自己的综合素养和技能，使自己在各个方面都能够表现出色。

外在美、内在美和综合能力构成了形象审美的重要因素。一个完美的形象需要在这三个方面取得平衡和提升，使自己在外表、内在和能力上都能够得到他人的认可和欣赏。形象审美不仅仅是外在的修饰，更是一个人综合素质的集中体现。因此，应该注重自身的修养和能力提升，努力打造一个完美的形象。

第二节　人物形象表现

在社会交往中，形象的表现往往是人们对他人第一印象的重要依据。一个人的形象不仅包括外表的五官、体态，还包括所穿着的服饰。因此，对于形象的表现，可以从五官表现、体态之美和服饰形象之美三个方面进行探讨。

一、五官表现

在对他人的第一印象中，五官的表现往往是最直观的。面部在人体的最高位置，是人们视线首先到达的地方。面庞的修饰在整体形象美中的重要性不可忽视。如何美化脸型、突出优点、遮掩缺陷，首先要分析和判断面部的"三庭""五眼"。

1. 三庭

三庭是指脸的长度比例，在面部正中作一条垂直的通过额部、鼻尖、人中、下巴的轴线；通过眉弓作一条水平线；通过鼻翼下缘作一条平行线。这样，两条平行线就将面部分成三个等分。从发际线到眉弓水平线，眉间到鼻翼下缘，鼻翼下缘到下巴尖，上中下恰好各占三分之一，把脸的长度分为三个等分。

2. 五眼

五眼是指脸的宽度比例，以眼睛长度为单位，从左侧发际至右侧发际，为五只眼睛长度。两只眼睛之间有一只眼睛的间距，两眼外侧至侧发际各为一只眼睛的间距，各占比例的1/5，把脸的宽度分成五个等分。见图10-3。

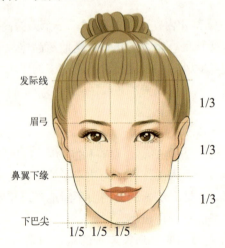

图 10-3　脸部美学标准

3. 黄金比例

黄金比例是一个数学上的比例关系，比例为 1∶1.618，这个比例被广泛认为是最美的比例。在脸部，黄金比例可以应用于眉毛、眼睛、鼻子、嘴巴等部位的位置和大小。如果一个人的眼睛位于脸部的黄金分割点上，那么这会增加脸部的和谐感。

黄金比例的概念在人类历史上已经存在了几千年。这种比例关系被认为是自然界和人类审美的统一规律，因此在各个领域都得到了广泛的应用。古希腊在建筑设计中大量采用了黄金分割原理，从建筑的宽度、高度，甚至支撑建筑的柱子之间的距离都采用了这种原理，因此他们的建筑看起来美感十足，比例协调。在文艺复兴时期，画家达·芬奇也运用黄金比例来创作杰作。在自然界中，黄金比例也可以找到，如贝壳的螺旋形状。见图 10-4～图 10-7。

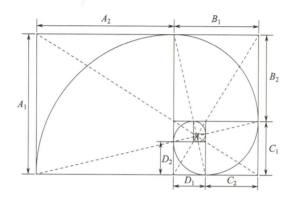

图 10-4　黄金分割

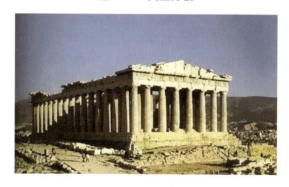

图 10-5　古希腊建筑

图 10-6　达·芬奇作品《蒙娜丽莎的微笑》

图 10-7　贝壳

二、体态之美

除了五官的表现外,体态的美感也是形象的重要组成部分。

1. 体态美感

体态美感是指一个人的姿态和身材在视觉上给人带来愉悦和舒适感。一个人的体态美感不仅仅是外表的美丽,更来自内在气质和自信的展现。在不同的文化和时代背景下,体态美感的标准也会有所不同。比如,著名的女演员奥黛丽·赫本,她以其优雅的体态和优美的身材成为世界影坛的传奇,她的优雅举止和高贵气质成为无数女性的榜样。

在东方文化中,体态美感通常被视为内在修养和气质的展现。比如,中国古代的儒家文化中,提倡"君子有三九",其中就包括了"体态端正"。这种观念影响了几千年的中国文化,使得体态美感成为中国人追求的目标之一。而在西方文化中,体态美感通常与外表的美丽联系在一起。比如,在时尚界,模特们通常被要求保持优美的体态,以展现服装的美感。

2. 仪态表现

在日常生活中要注重保持良好的体态,通过正确的站姿、坐姿和走姿来展现出体态的美感。正确的站姿、坐姿和走姿对我们的健康和形象都有着重要的影响。正确的站姿可以帮助我们保持身体的平衡和姿势的优雅,正确的坐姿可以减少对脊椎的压力,正确的走姿可以增强我们的气质和自信。

正确的站姿应该是挺胸抬头,双脚并拢,双肩放松,双臂自然下垂。在职场上,一位员工在面对领导或客户时,如果能够保持端正的站姿,会给人一种自信和专业的感觉,从而提升自己的形象和信任度。另外,正确的站姿还可以帮助我们预防腰背疼痛和脊椎问题,保持身体的健康和稳定。见图10-8。

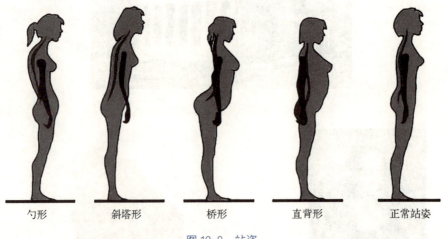

勺形　　斜塔形　　桥形　　直背形　　正常站姿

图 10-8　站姿

正确的坐姿也是非常重要的。在现代社会中,很多人都需要长时间坐在办公桌前工作,不正确的坐姿会给我们的脊椎和颈部带来很大的压力。正确的坐姿应该是挺胸抬头,双脚平放在地上,双手放在桌面上,保持腰部和颈部的舒适。在学校里,学生们在上课时如果能够保持正确的坐姿，会更容易集中注意力，提高学习效率。另外，正确的坐姿还可以减少脊椎的压力，预防腰背疼痛和颈部问题。见图10-9。

图 10-9　坐姿

正确的走姿也是形象和气质的重要体现。正确的走姿应该是挺胸抬头，双臂自然摆动，步伐稳健。在社交场合，一个人如果能够保持优雅的走姿，会给人留下良好的第一印象，增强自己的自信和魅力。另外，正确的走姿还可以增强我们的气质和形象，让我们看起来更加自信和大方。见图10-10。

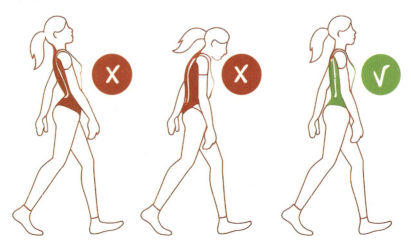

图 10-10　走姿

三、服饰形象之美

对于人们来说,服饰形象一直是一个重要的话题。无论是在日常生活中还是在特殊场合,人们都希望通过服装来展现自己的美丽和个性。因此,服装款式、流行趋势和服装色彩成为人们关注的焦点。

1. 服装款式

服装款式是服饰形象中最基本的元素之一。不同的款式能够展现出不同的气质和风格,因此在选择服装时要根据自己的气质和场合的要求进行合理的搭配。见图10-11。

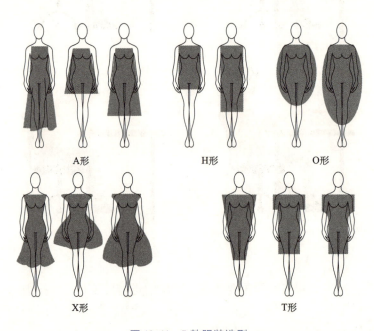

图 10-11　5款服装造型

A形服装造型为上身收紧,下摆宽大。外形呈正三角形,具有稳重安定感,充满青春活力、洒脱、活泼的特点,它可以是服装着装的整体造型设计,也可以是服装的个体造型设计。用于男装如大衣、披风、喇叭裤等有洒脱感;用于女装如连衣裙、喇叭裙、披风等有稳重、端庄和矜持感。高度上的夸张使女性有凌风矗立、流动飘逸的感觉,其变形如帐篷形、圆台形、人鱼形等同样具有活泼、洒脱、充满青春活力或优雅高贵的风格。见图10-12。

H形也称矩形、箱形、筒形或布袋形。其造型特点是平肩、不收紧腰部、筒形下摆,因形似大写英文字母H而得名。H形在运动过程中呈现出轻松飘逸的动态美,显得简练、随意而又不失稳重。穿着时可掩盖体形上的许多缺点,展现多种服装风格。这种廓形运用直线构成肩、胸、腰、臀和下摆或偏向于修长、纤细或倾向于宽大、舒展。多用于外衣、大衣、直筒裤、直筒裙的造型,具有简洁、修长、端庄的风格。见图10-13。

T形廓形类似倒梯形或倒三角形,其造型特点是肩部夸张、下摆内收形成上宽下窄的造型效果,T形廓形具有大方、洒脱、较男性化的性格特征,在欧洲妇女中颇为流行。皮尔·卡丹将T形运用于他的服装设计中,使服装呈现很强的立体感和装饰性,是对T形的全新诠释。T形廓形用于男装可以显示刚健、威严与干练的风度，用于女装可以表现大方、精干、职业的女性气质。见图10-14。

图 10-12　A 形廓形服装

图 10-13　H 形廓形服装

图 10-14　T 形廓形服装

O 形廓形呈椭圆形，其造型特点是肩部、腰部以及下摆处没有明显的棱角，特别是腰部线条松弛，不收腰，整个外形比较饱满、圆润。O 形线条具有休闲、舒适、随意的性格特征，在休闲装、运动装以及家居服的设计中用得比较多。见图 10-15。

X 形线条是最具女性体征的线条，是倒正三角形或正梯形相连的复合形，类似字母"X"。这种廓形是根据人的体型塑造细微夸张的肩部、收紧的腰部、自然的臀型，接近人体的自然形态曲线，是较为完美的女装廓形，充满柔和、流畅的女性美，其变形有"S"形、自然适体形、苗条形、沙漏形、钟形等。无论是哪种造型都能充分展示女性的优美和高雅。在经典风格、淑女风格的服装中 X 形廓形用得比较多。见图 10-16。

图 10-15 O 形廓形服装

图 10-16 X 形廓形服装

2. 流行趋势

流行趋势无疑是影响服饰形象的关键因素。时尚的变迁犹如大自然的四季更迭，它不断催生着新的服装需求，为服饰界注入源源不断的活力。每一个季节，都有其独特的流行元素，引领着时尚的风潮。

然而，追求流行并不意味着盲目跟风。有些人为了追求潮流，盲目购买各种流行服饰，却忽略了自身的特点和需求。这样不仅无法展现出自己的品位和风格，反而可能让人觉得有些不伦不类。因此，在追求流行趋势的同时，我们需要保持理性，根据自身的身材、气质和场合选择合适的服装。只有找到适合自己的风格并合理地搭配服装，才能真正展现出自己的品位和风格。让我们在追逐时尚的同时，保持自我独立思考的能力吧！

3. 服装色彩

（1）同类色的服饰搭配　同类色搭配是指在色相环上 15°范围内的色彩，通过明暗深浅的不同变化来进行搭配，如墨绿色与浅绿色、深红色与浅红色、咖啡色与米色等，在服装上运用广泛，配色柔和文雅，给人温和协调的感觉。

（2）邻近色的服饰搭配　邻近色是指色相环上任意颜色毗邻色彩，色彩之间呈 60°的范围，如红色的邻近色是橙色和紫色，黄色是绿色和橙色，蓝色是紫色和绿色。邻近色的色彩倾向近似，具有相同的色彩基因，色彩之间处于较弱对比，色调易于统一、协调，搭配自然。若要产生一定的对比美，则可变化明度和纯度，例如蓝色与紫色属邻近色，如果提高或降低其中一色明度或纯度，则色彩差异较明显。与同类色搭配相比较，色感更富于变化，所以它在服装上的应用范围比同类色更广。

（3）对比色的服饰搭配　对比色是指色相环上呈 120°范围的两种色彩，色彩相距较远。由于色彩关系接近对比，色彩在整体中分别显示个体力量，色彩之间基本无共同语言，呈较强的对立倾向，因此色彩有较强的冷暖感、膨胀感、前进感或收缩感。过于强烈的对比，易产生炫目效果，例如橙与紫、黄与蓝、绿与橘等。对比色相较能体现色彩的差异性，能使不起眼的色彩顿显生机。例如本来具有忧郁倾向的蓝色与黄色相配时，由于有黄色跳跃和动感衬托，也显得活泼一些。

（4）互补色的服饰搭配　互补色是指色相环上约呈 180°范围的两种色彩。补色对比是色彩关系在个性上的极端体现，是最不协调的关系。两种补色互相对立，互相呈现出极端倾向，如红与绿相配，红和绿都得到肯定和加强，红的更红，绿的更绿。在互补色的配色中要注意面积比例、主次关系，同时也可通过加入中间色的方法使对比效果更富情趣。见图 10-17。

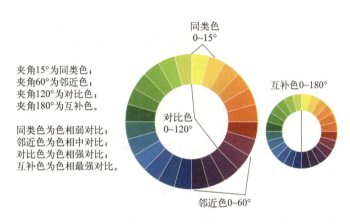

图 10-17　同类色、邻近色、对比色、互补色搭配

第三节　人物形象文化

一、人物形象之人文精神

形象文化是人类社会发展的产物，它体现了人类对于不同职业、身份和角色的认知和评价。在社会生活中，不同的职业往往有着不同的形象特征，这些特征不仅反映了人们对于这些职业的期望和要求，更体现了这些职业人员的精神追求和职业精神。我们应该尊重每一个职业，理解他们的辛勤付出和努力，共同营造一个和谐、美好的社会环境。

以医生和消防员为例，医生是人们生活中不可或缺的职业之一，他们承担着救死扶伤的神圣使命。在人们心目中，医生通常被赋予亲切、可信赖的形象特征。这是因为医生在工作中需要具备高度的责任心和医德，对患者负责、对生命敬畏。医生的精神追求和职业精神体现在他们对于医学事业的热爱和对于患者的关爱上，他们需要不断地学习和探索，提高自己的医疗技术和服务水平，为患者的健康和生命安全保驾护航。同样地，消防员也是人们心目中勇敢、无畏的形象代表之一。消防员在工作中需要面对各种复杂、危险的火场和救援现场，他们需要具备高度的勇气和毅力，不怕困难、不畏艰险。消防员的精神追求和职业精神体现在他们对于国家和人民的忠诚和热爱上，他们需要时刻保持警惕，随时准备应对各种突发事件，为保障人民的生命财产安全而奋斗。除了医生和消防员之外，还有许多职业也有着鲜明的形象特征。比如警察的公正、勇敢形象，教师的严谨、耐心形象，等等。这些形象特征的建立离不开这些职业人员的精神追求和职业精神的体现，他们通过自己的努力和付出，赢得了人们的尊重和信任。

二、时代人物的形象美

工匠和英雄，这两种形象代表了不同的美，但都是社会中不可或缺的部分。

1. 工匠

工匠是一个古老而又崇高的职业，工匠们通过精湛的技艺和匠心独运，创造了许多美轮美奂的艺术品和工艺品，他们的形象美是对劳动价值的尊重和对传统文化的传承。工匠们不仅拥有高超的技艺，更有一颗追求完美、不断创新的心。他们的作品不仅仅是物品，更是艺术的体现，是传统文化的传承。以中国的传统工艺品—点翠工艺的饰品为例，可以看出工匠的形象美。点翠工艺的饰品是中国传统工艺的代表之一，是中国传统的金属工艺和羽毛工艺的完美结合，其制作工艺独特，技艺要求极高，需要经过多道复杂的工序。点翠工艺制作出的首饰，光泽感好，色彩艳丽，而且永不褪色，不仅具有实用价值，更是一种美的享受。这种美，是对劳动的尊重，对技艺的赞美，对传统文化的传承。见图 10-18。

图 10-18　点翠工艺的饰品

2. 英雄

英雄是时代的楷模，他们用自己的行动和精神力量影响着整个社会，他们的形象美是对勇气和正义的赞美，是对人格魅力和道德风范的称赞。英雄们通常在关键时刻挺身而出，用自己的勇气和智慧为社会作出贡献。他们的行为和精神，激励着人们追求更高的目标，成为更好的人。我国有许多英雄人物，如抗洪英雄、救火英雄等，他们的形象美体现在关键时刻挺身而出，用自己的行动和精神力量影响着整个社会。在抗洪救灾中，许多解放军和志愿者不畏艰险，舍小家顾大家，他们的无私奉献和顽强拼搏精神让人们感受到人性的光辉。这种美，是对勇气的赞美，对正义的坚守，对人格魅力和道德风范的崇敬。

　　形象文化的重要性不言而喻，它不仅是对个体的尊重和肯定，更是对社会价值观的传递和弘扬。人们通过形象文化可以感受到不同职业和时代人物的精神风貌，从而激励自己向他们学习，传承他们的精神品质。形象文化也是社会文明的体现，它能够激发人们对美好生活的向往和追求，促进社会和谐发展。因此，我们应该重视形象文化的传承和弘扬。在日常生活中，我们要尊重每一个职业群体，理解他们的付出和努力，不断提升他们的形象美。同时，我们也要重视时代人物的形象建设，让他们的精神力量永远在社会中发挥作用。只有这样，我们才能够建设一个更加美好、和谐的社会。

参考文献

[1] 王概. 芥子园画谱 [M]. 北京：人民美术出版社，1960.
[2] 宗白华. 美学散步 [M]. 上海：上海人民出版社，1981.
[3] 蔡元培. 蔡元培美学文选 [M]. 北京：北京大学出版社，1983.
[4] 弗里德里希·席勒. 美育书简 [M]. 北京：中国文联出版公司，1984.
[5] 谢赫. 南齐. 古画品录：外二十一种 [M]. 上海：上海古籍出版社，1991.
[6] 洪丕谟，晏海林. 新编书法 [M]. 上海：复旦大学出版社，2000.
[7] 李甫，郭农声. 书法教程 [M]. 武汉：华中师范大学出版社，2001.
[8] 潘谷西. 中国建筑史 [M]. 5版. 北京：中国建筑工业出版社，2003.
[9] 王其钧. 中国建筑图解词典 [M]. 北京：机械工业出版社，2006.
[10] 朱光潜. 大美人生：朱光潜随笔 [M]. 北京大学出版社，2008.
[11] 邹志生，王惠中. 书法教程（毛笔硬笔合编版）[M]. 武汉：华中科技大学出版社，2008.
[12] 李泽厚. 美的历程 [M]. 北京：生活·读书·新知三联书店，2009.
[13] 王振复，张艳艳. 中国美学范畴史（共3册）[M]. 山西教育出版社，2009.
[14] 陈滞冬. 石壶画语录 [M]. 北京：人民美术出版社，2010.
[15] 李乾朗. 穿墙透壁：剖视中国经典古建筑 [M]. 桂林：广西师范大学出版社，2009.10.
[16] 葛昌永，王安刚. 书法与书写工具漫论 [M]. 武汉：湖北美术出版社，2009.
[17] 冷宣强，郝锐，冷磊. 书法艺术教程 [M]. 长春：吉林大学出版社，2010.
[18] 周岚. 茶艺服务实训 [M]. 青岛：中国海洋大学出版社，2011.
[19] 林治. 中国茶艺学 [M]. 北京：世界图书出版公司，2011.
[20] 施旭升. 艺术即意象 [M]. 北京：人民出版社，2012.
[21] 杨鸿勋. 大明宫 [M]. 北京：科学出版社，2013.
[22] 李小凤，周生力. 服饰形象设计 [M]. 北京：化学工业出版社，2016.
[23] 丁以寿. 茶艺与茶道 [M]. 北京：中国轻工业出版社，2019.
[24] 潘素华. 茶艺与茶文化 [M]. 北京：旅游教育出版社，2019.
[25] 人力资源和社会保障部. 茶艺师 [M]. 北京：劳动社会保障出版社，2020.
[26] 王振复. 中国建筑的文化历程 [M]. 上海：上海人民出版社，2000.
[27] 周智修. 茶艺培训教材 [M]. 北京：中国农业出版社，2021.
[28] 郑轩. 中国书法文化丛书：书法艺术卷 [M]. 武汉：湖北教育出版社，2021.
[29] 潘鲁生. 民艺学论纲 [M]. 北京：人民美术出版社，2021.
[30] 张涛. 茶艺基础 [M]. 3版. 桂林：广西师范大学出版社，2022.
[31] H.W. 詹森，J.E. 戴维斯. 詹森艺术史 [M]. 长沙：湖南美术出版社，2017.
[32] 王国维. 论教育之宗旨 [J]. 教育世界，1906（56）.
[33] 吴元新，吴灵姝. 蓝印花布与南通民俗文化 [J]. 装饰，2012（2）.
[34] 李斌，李强，杨小明，等. 南通蓝印花布纹样图案分析 [J]. 服饰导刊，2012（2）.
[35] 邓翔鹏. 致敬传统染者归来：植物染专家储立群访谈 [J]. 艺术设计研究，2012（4）.
[36] 左尚鸿. 荆楚剪纸艺术与巫道风俗传承 [J]. 湖北社会科学，2006（12）.
[37] 纪瑞祥. 论库淑兰剪纸与马蒂斯剪纸的异同 [J]. 菏泽学院学报，2023（03）.
[38] 张纯桂. 中西绘画艺术表现形式之比较 [J]. 文艺评论，2009（6）.
[39] 齐文东. 库淑兰剪纸艺术中的民俗呈现 [J]. 中国造纸，2023（11）.
[40] 王静文. 湖北雕花剪纸艺术在现代服饰中的创新应用研究 [D]. 武汉：湖北美术学院，2022.
[41] 张欣. 传统剪纸与现代剪纸比较研究 [D]. 北京：北京建筑大学，2020.
[42] 王子林. 正谊明道（紫禁城的精神灵魂）[J]. 故宫，2014.
[43] 王子林. 乾清坤宁二宫之谜 [J]. 紫禁城，2015（1）.

[44] 张海超, 张轩萌. 中国古代蓝染植物考辨及相关问题研究 [J]. 自然科学史研究, 2015（3）.

[45] 万物图腾：任戎的创世纪 [EB/OL]. https://news.artron.net/20160719/n851872.html.2016-07-19.

[46] 陈立. 数字媒体艺术的特征及呈现方式 [J]. 新闻战线, 2016.

[47] 魏晓东, 于冰, 于海波. 美国 STEAM 教育的框架、特点及启示 [J]. 华东师范大学学报（教育科学版）, 2017（4）.

[48] 李雪峰. 中国茶艺的美学意义探析 [J]. 福建茶叶, 2017（10）.

[49] 蒋振凤. 毕加索的陶瓷你了解多少？[J]. 收藏投资导刊, 2018（01）.

[50] 马凯臻. 生命与存在：陶瓷艺术批评的不可通约性 [J]. 陶瓷研究, 2018（06）.

[51] 冯桂玲, 李洪平. 论艺术语言符号的生成及其形式 [J]. 文学教育（上）, 2018（11）.

[52] 张雷. 天门蓝印花布的技艺与文化研究 [D]. 上海：东华大学, 2018.

[53] 郭梦露. 探究绘画艺术视角的中西方美术的异同 [J]. 艺术评鉴, 2018（21）.

[54] 陈咏梅. 植物蓝染的现代设计应用 [D]. 深圳：深圳大学, 2018.

[55] 魏颖. 数字媒体艺术的特征及呈现方式探微 [J]. 新闻研究导刊, 2018, 9（17）.

[56] 任华东. "现代陶艺"的舶来、际遇及其特征：以景德镇现代陶艺创作为例 [J]. 艺术评论, 2018（12）.

[57] 张俪斌, 王趁, 李姗, 王雨华. 我国蓝草的传统植物学知识研究 [J]. 广西植物, 2019（3）.

[58] 雷全智. 数字媒体艺术特征与呈现方式 [J]. 中国报业, 2019（08）.

[59] 刘栋, 程越. 当代文化语义在陶艺创作中的表达研究 [J]. 雕塑, 2019（04）.

[60] 李志宏. 展览视域中的当代陶艺发展现状及创作取向 [J]. 艺术评论, 2019（07）.

[61] 冯一博. 解构在现代陶艺创作中的表现 [D]. 景德镇：景德镇陶瓷大学, 2019.

[62] 欧阳小胜, 张甘霖. 文化自信中的"陶艺评论"[J]. 陶瓷学报, 2019（01）.

[63] 肖正广. 生活视域下茶艺美学的品性和特征探析 [J]. 蚕桑茶叶通讯, 2019（02）.

[64] 谢葵萍. 釉画的实验性与"窑变"之美 [J]. 创意设计源, 2020（01）.

[65] 张瑜. 在茶艺表演中关于传统音乐的相关研究 [J]. 福建茶叶, 2021（12）.

[66] 李瑜. 浅析宋代"七汤点茶法"的茶艺美学 [J]. 普洱学院学报, 2021（02）.

[67] 林琳. 服装色彩图案在人物形象设计中的表现探讨 [J]. 棉纺织技术, 2021, 49（09）:101-102.

[68] 吴莹莹, 王睿. 数字交互艺术特征分析及价值体现 [J]. 中国传媒科技, 2022（06）.

[69] 周宪. 何为美育 美育为何 [J]. 文艺争鸣, 2022（03）.

[70] 秦小皖.《九歌》人物形象设计及应用 [D]. 西安：西安石油大学, 2023.

[71] 王美琪. 中国古代小说中的"浑人"英雄形象研究 [D]. 成都：四川师范大学, 2023.

[72] 李超. 浅谈中国古典舞《飞天》对传统文化的弘扬和展现 [J]. 尚舞, 2023（04）: 90-92.